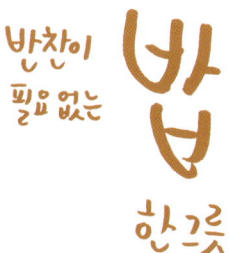

반찬이 필요 없는 밥 한 그릇

지은이	고은정
펴낸이	박숙정
펴낸곳	세종라이프
주간	강훈
편집	이진아 김하얀
디자인	전성연 전아름
마케팅	안형태 김형진 이강희
경영지원	홍성우
요리팀	맛있는부엌 전종윤 이영란
사진	류관희

출판등록	1992년 3월 4일 제4-172호
주소	서울시 광진구 천호대로132길 15 3층
전화	마케팅 (02)778-4179, 편집 (02)775-7011
팩스	(02)776-4013
홈페이지	www.sejongbooks.co.kr
블로그	sejongbook.blog.me
페이스북	www.facebook.com/sejongbooks
원고 모집	sejong.edit@gmail.com

초판 1쇄 발행 2016년 7월 4일
4쇄 발행 2018년 1월 5일

© 고은정, 2016

ISBN 978-89-8407-566-5 13590

이 도서의 국립중앙도서관 출판시도서목록(CIP)은 서지정보유통지원시스템
홈페이지(http://seoji.nl.go.kr)와 국가자료공동목록시스템(http://www.nl.go.kr/kolisnet)에서
이용하실 수 있습니다.(CIP제어번호: CIP2017007491)

- 잘못 만들어진 책은 바꾸어드립니다.
- 값은 뒤표지에 있습니다.

반찬이 필요 없는 밥 한 그릇

고은정 지음 (약선음식전문가)

제철 재료와 쌀로 만드는
맛있고 건강한 한 끼 식사

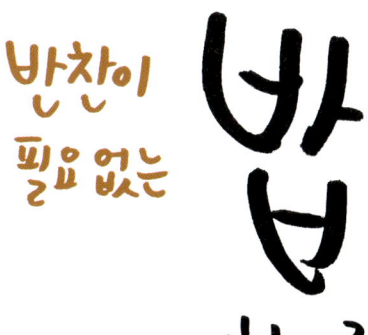

세종라이프

여는 글

밥
해 먹고
살자

밥은 한국 음식의 처음이자 끝이며 중심이다. 아무리 훌륭한 식재료와 만나도 콩밥·잡채밥·순대국밥·비빔밥 등과 같이 그 끝은 언제나 밥으로 귀결되며, 제아무리 잘 차려진 상을 받아도 그 상은 그저 밥상일 뿐이다. 맛이 있지만 빼어나지 않고, 향이 있지만 결코 두드러지지 않는 밥은 상 위에 올라온 맵고 짜고 시고 달고 향기로운 모든 반찬들을 아우르고 순화시키며 조화롭게 하는 힘을 가졌다. 그런 까닭에 아무리 오랜 시간 동안 계속해서 먹어도 결코 물리지 않으니 우리는 하루에도 몇 번씩 밥 먹자는 말을 하면서 살아갈 수 있는 것이다.

밥이 보약이라고들 한다. 입에 풀칠하기도 어려웠던 조상들이 따로 보약을 해 먹을 수 없으니 스스로 위로하며 밥이라도 배부르게 먹고자 하는 마음에서 해온 말일 거라 여겼다. 하지만 쌀이 가지고 있는 성질이나 효능을 생각하면 쌀로 지은 밥이야말로 무엇과도 비교할 수 없는 귀한 보약임이 틀림없다.

자연에서 온 음식의 재료들은 사계절로부터 받은 고유의 성질이 있는데, 그것은 하늘의 기운으로서 겨울의 차가움[寒], 봄의 따뜻함[溫], 여름의 뜨거움[熱], 가을의 서늘함[凉]으로 나뉜다. 또한 우리는 음식 재료를 앞의 네 가지 성질 외에 신맛, 단맛, 쓴맛, 매운맛, 짠맛 등의 다섯 가지 맛으로 분류한다. 서양에서는 매운맛을 맛이 아닌 자극으로 분류하지만, 우리는 다섯 가지 맛을 혀로 느끼는 단순한 맛뿐 아니라 오장육부와 관련하여 땅의 기운을 온몸으로 받아들이는 인체 현상으로 생각해왔다.

쌀은 봄부터 가을까지의 긴 시간을 보내면서 어느 쪽으로도 치우치지 않는 아주 평화로운 성질[平性]과 땅의 온전한 맛인 단맛[甘味]을 가지게 된다. 그리하여 쌀은 그 평화로운 성질과 단맛으로 비위를 튼튼히 하고 구토, 설사, 병후 허약, 소화불량, 식욕부진, 젖먹이의 구토 등 다양한 증세에 여러 형태의 밥이나 죽으로 활용됐다. 또한 쌀뜨물조차도 달고 찬 성질을 가지고 있어 몸의 열을 내리고 가슴이 답답하고 갈증이 나는 증세에 효과가 있다.

어린 시절에 배탈이 나면 외할머니께서는 부추죽을 끓여주셨고, 여름에는 보리밥을 자주 해주셨고, 겨울에는 찹쌀과 검정콩, 수수를 조금씩 넣은 잡곡밥을 지어주셨다. 절기에 맞춰 콩죽이나 녹두죽을 쑤어주시고 여러 가지의 떡도 해주시던 것은 잡곡들의 차고 더운 성질을 자연과 하나 되어 살아온 삶으로부터 자연스럽게 체득(體得)한 지혜에서 비롯된 것이다. 자연친화적인 삶은 지식을 넘어서서 자신은 물론 후손을 건강하게 지키는 슬기로움을 발휘할 수 있게 하는 것이다.

중국의 의학서인 『황제내경(黃帝內經)』에는 몸의 근본이며 지극히 보배로운 물질인 정(精, 생명의 근원)이 곡식(穀食)에서 생긴다고 기록되어 있다. 허준은 『동의보감(東醫寶鑑)』에서 죽이나 밥을 끓이면 가운데로 흘러 엉기는 걸쭉한 밥물을 쌀의 정미(精微)로운 액체라고 하였는데, 이것을 먹으면 정(精)을 만드는 데 제일 효과가 좋다고 하였다.
精(정)이란 米(지기, 地氣)와 靑(靑氣는 곧 天氣)이 만나 만들어진 글자이니 하늘의 기운을 받아 땅으로부터 얻은 쌀이 곧 정(精)을 이루는 물질임을 뜻하는 말일 것이다.

그런데 우리는 언젠가부터 밥의 위대함을 잊고 살기 시작했다. 그러면서 자연스럽게 '하는 짓이 밥맛이다', '밥통이다', '개념 따윈 밥 말아 먹었다', '밥이나 먹고 산다', '밥숟가락 놓았다', '밥값도 못 한다', '밥벌이가 고단하다', '밥줄을 끊는다' 따위의 말들을 아무런 의식 없이 일상생활에서 사용하게 되었다. 밥상에서 밥이 천대받고, 밥 짓는 일을 소홀히 하여 제대로 밥 짓는 방법을 잊은 사람들이 늘어나면서 생긴 현상일 것이다.

조선 시대의 농학자 서유구는 『옹희잡지(饔餼雜誌)』에서 '한국인의 밥 짓기는 천하에 이름났다'고 적었으며, 중국 청나라 대학자 장영(張英)은 '조선 사람들은 밥 짓기를 잘한다. 밥알에 윤기가 있고 부드럽고 향긋하며, 또 솥의 밥이 고루 익어 기름지다'라고 하였는데 안타깝게도 지금은 그 명성을 잃은 지 이미 오래인 듯하다.

쌀로 밥을 짓다 보면 저절로 생기는 누룽지를 이용해 중국인들은 누룽지탕을 만들어 먹고, 일본인들은 누룽지가 싫어 전기밥솥을 만들었으며, 우리는 가마솥 바닥에 누룽지를 눌려 간식으로 만들어 먹거나 숭늉을 마시며 식사를 마무리했다. 밥 먹은 뒤에 커피로 입가심을 하는 사람들이 반찬 냄새 싹 잡는 숭늉의 그 개운함을 알지 못하니 그 또한 안타깝기만 하다.

조상들은 한솥밥을 먹으며 공동운명체라는 인식을 공고히 했고 윤기 흐르는 막 지은 따끈한 밥 한 그릇에서 얻은 '밥심' 하나로 반만년의 역사를 이어 오늘에 이르렀으며, 그 '밥심'으로 가족을 지키고 나라를 지키기 위해 농사를 지어왔다. 농사의 농(農)자는 별[辰]에 노래[曲]를 더한 것이니 밥은 별의 노래를 들으며 자란 쌀로 지은 음식이라는 뜻으로 어려움 속에서도 빛나던 선조들의 낭만적인 모습을 엿볼 수 있다.

밥은 음식 이상의 깊은 의미를 지니고 있다.
누군가와 밥을 같이 먹는다는 것은
손 내밀면 닿을 거리에 이미 상대가
와 있다는 것을 깨닫는 것이다.

목
차

여는글 _ 밥 해 먹고 살자 · 5
『반찬이 필요 없는 밥 한 그릇』을 말하다 · 12

PART 1
맛있는 밥 짓기

| 맛있는 밥 |
쌀 계량하기 · 20 쌀 씻기 · 21 쌀 불리기 · 22
물의 선택 · 24 밥솥의 선택 · 25 불의 조절 · 27
뜸 들이기 · 28 황금비율 3:1 · 29 맛있는 밥을 위한 쌀의 비법 · 30
먹다 남은 쌀의 보관 · 31

| 세상에서 가장 맛있는 밥은 내가 지은 밥 |
쉽고도 어려운 밥, 흰쌀밥 · 34
태초의 밥, 현미밥 · 36

PART 2

계절 담은 밥 짓기

| 봄 |

산채의 제왕으로 짓는 밥, 두릅밥 · 43   건강한 노인이 되는 밥, 구기자호두밥 · 45
봄의 전령사 냉이로 짓는 밥, 냉이바지락밥 · 47   여자가 먹어도 좋은 기운찬 남자밥 · 49
스트레스 받은 날엔 매콤한 제육덮밥 · 51

| 여름 |

상추쌈과 최고의 궁합, 보리밥 · 55   열 내리는 노랑밥, 치자밥 · 57   산골의 별미밥, 녹차해물밥 · 59
비벼 먹는 삼계탕, 닭고기영양밥 · 61   카레라이스보다 된장덮밥 · 63   뽀글이장에 비벼 먹는 두부밥 · 65

| 가을 |

뿌리는 나의 힘, 뿌리채소밥 · 69   가는 가을이 아쉬울 땐 가지밥 · 71
향에 취해 먹는 밥, 버섯밥 · 73   산삼보다 낫다는 가을 무, 무밥 · 75
건강보다 맛으로 먹는 소고기우엉밥 · 77   남자가 먹어도 좋은 아름다운 여자밥 · 79

| 겨울 |

풍년을 기원하는 풍요의 밥, 오곡밥 · 83   축하와 기원을 담는 생일밥, 수수밥 · 85
밥집을 하고 싶게 만드는 밥, 시래기밥 · 87   바다의 제왕 포세이돈이 되는 밥, 굴밥 · 89
칩거하고 싶은 겨울에 먹는 밥, 김치밥 · 91   바다향이 그리운 날 다시마미역밥 · 93

기본 양념장 · 94

PART 3

쌀의 발견

| 우리가 먹는 쌀들 |
품종에 따른 쌀의 종류 · 101 도정에 따른 분류 · 104 점성에 따른 쌀의 종류 · 105

| 나에게 맞는 쌀 고르기 |
쌀에 대한 나의 취향 알기 · 107 비교 시식으로 나의 취향 찾기 · 108
육안으로 좋은 쌀 고르기 · 109 라벨 확인으로 좋은 쌀 고르기 · 109

| 맛있는 밥을 위한 쌀 보관하기 |
보관하지 않는 것이 상책 · 111 상온에서 최대 2주 · 111 냉장 보관으로 45일 · 112

| 용도에 맞는 밥쌀 |
매일 먹는 밥쌀 · 114 도시락 싸기 좋은 밥쌀 · 115 조리 방법에 따른 밥쌀 · 115

| 먹고 남은 밥 저장하기 |
· 116 ·

일러두기

- 모든 레시피는 2인분을 기준으로 합니다.
- 밥솥은 일반 압력솥 한 가지를 사용했습니다. 조리 시간이 짧아 영양소의 손실이 비교적 적을뿐더러 압력을 가하지 않은 채 뚜껑을 살짝 얹어 사용하거나 압력 뚜껑이 아닌 밥솥에 꼭 맞는 일반 뚜껑을 사용하면 밥을 짓는 중간에 솥을 열어서 재료를 더하거나 뺄 수 있습니다.
- 밥맛을 내는 데 가장 핵심적인 조미료는 간장과 들기름입니다. 다만 시판용 간장은 단맛이 있으므로 집간장이나 국간장을 사용하면 조금 더 깔끔한 맛을 낼 수 있습니다. 또는 밥에 따라 어울리는 양념장을 곁들여도 좋습니다.
- 이 책은 밥 짓기가 귀찮아 사 먹는 사람들과 1~2인 가구를 위한 책으로, 대부분의 밥은 한 솥에 쌀과 재료를 넣고 익히기만 하면 조리가 끝납니다. 매우 간편하고 빠르게 완성된 밥이지만 맛과 영양에서도 부족함이 없는 음식입니다.

『반찬이
필요 없는
밥 한 그릇』을
말하다

밥도 요리다

우리나라 사람 중에 국수를 싫어하는 사람, 혹은 빵을 싫어하는 사람은 꽤 많지만 밥을 싫어하는 사람은 거의 없다. 실제로 밥에 대한 기호도를 조사한 통계에 의하면 조사 대상의 약 95%에 이르는 사람들이 밥을 좋아한다고 한다. 세대별로 보면 식생활 세태의 변화에 따라 밥을 덜 좋아하는 20대가 있기는 하지만, 대체로 거의 모든 세대를 망라하여 밥을 싫어하는 사람은 찾아보기 힘들다. 밥은 365일간 매일 먹어도 싫증 나지 않으며, 그 담백한 맛이 어떤 반찬과도 잘 어울린다. 빵이나 국수와 달리 심리적으로 안정감을 주기도 한다.

밥이 주식인 나라이고 밥을 좋아하는 민족임에도 우리는 밥을 제대로 할 줄 몰라 대충 해 먹거나 조리된 즉석밥을 사다 먹는다. 밥은 쌀과 물과 불이 만들어내는 삼중주의 예술품이다. 하지만 재료가 너무 단순한 탓인지 오히려 맛있는 밥맛을 구현해내기가 어려운 측면이 있다. 재료뿐만 아니라 조리법조차 단순하여 밥맛 내기의 어려움에 한몫 거든다.

우리의 밥에 대한 인식은 흰쌀밥에서 크게 앞으로 나가지 못하고 있다. 조금 더 나아간다고 해도 잡곡밥 정도다. 흰쌀밥에서 멈추어 있다는 말은 반찬에 대한 고민이 많아진다는 의미이기도 하다. 더구나 맛있는 밥에 대한 고민 없이 그저 전기(압력)밥솥의 사용설명서에 의지해 밥을 하고, 먹다 남은 밥을 그 밥솥에 보온해두고 먹는 실정이니 더욱 그렇다. 그러나 흰쌀밥도 맛있으면 여러 가지 반찬이 필요 없다. 흰쌀밥이 지겨울 때 냉장고 속 식재료들을 꺼내 여러 가지 종류의 밥을 지으면 여타의 반찬이 없어도 된다.

조선 시대에는 90여 가지의 밥이 있었다고 한다. 찾아보면 밥을 맛있게 먹기 위해서 육류, 채소 등을 두루 사용한 흔적이 여기저기 남아 있다. 그러나 최근 우리는 다른 재료와의 배합은 처음부터 알지 못한 것처럼 거의 흰쌀밥에만 의존하며 살고 있다. 조선 시대까지 거슬러 올라갈 필요도 없다. 한 세대만 거슬러 올라가도 우리 윗세대의 밥상엔 참 많은 밥이 있었다.

우리의 밥도 다양한 재료와 결합하면 더 맛있어진다. 철마다 나오는 싱싱한 채소나 감칠맛 도는 해물들을 쌀과 같이 넣고 밥을 해 먹거나 조금 더 기분을 내고 싶은 날엔 소고기나 돼지고기, 닭고기를 넣고 같이 밥을 해 먹으면 밥도 요리가 된다. 흰쌀밥을 할 때 갖게 되는 반찬에 대한 부담감을 밥 하나로 다 날릴 수 있으니 자꾸 밥을 해 먹고 싶어진다. 밥 생각을 하면 기분이 좋아져 저절로 웃음이 나온다.

들기름과 간장이면 다른 반찬이 필요 없다

우리의 밥에는 올리브유나 포도씨유 등 그 어떤 기름을 가져다 붙여도 어쩐지 어색하다. 빵을 주식으로 먹는 문화권에서 건너온 오일들이 나름대로 맛과 향을 가지고 샐러드나 전, 튀김 등으로 우리의 입맛에 도전하고 있으나 우리의 밥상엔 역시 들기름이 어울린다. 흔히 들기름이 가지고 있는 미덕으로 오메가 3, 오메가 6 등의 필수지방산을 이야기하지만 영양학적 가치를 여기서 말하기엔 진부하기만 하다. 들기름과 만나는 식재료들은 그게 어떤 것이든 하나하나 다 살아서 자기의 색깔을 내고 자기의 맛을 제대로 내기 때문이다. 그렇다고 자기 향이나 맛을 잃어버리는 것은 아니라서 더 귀하다. 감칠맛 나는 연기로 드라마를 살리는 조연과도 같다. 제철 식재료를 넉넉히 넣고 짓는 밥에 들기름을 넣으면 윤기가 더해지고 향미가 풍부해진다.

우리 음식의 맛의 근간은 간장이다. 콩의 단백질이 아미노산으로 분해되어 나오는 감칠맛이 음식의 맛을 한껏 올려주지만 원래는 간을 하는 장이라 하여 간장이라고 부른다. 그러나 요즘 우리 간장은 원래의 의미를 잃고 조선간장이나 집간장으로 불리는 데다 국간장이라 하여 그 용도마저 축소된 실정이다. 5년 이상 오래 묵은 간장을 부를 때 썼던 진간장이라는 이름도 산분해 간장(화학 간장)인 혼합간장에 붙여져 불리고 있다.

밥을 지을 때 간장을 넣으면 밑간이 된다. 흰쌀밥이나 잡곡밥 등의 단순한 밥이 아니라면 밥의 더 나은 맛을 위해서 아주 적은 양의 간장을 쓰면 된다. 맛과 향은 올라가 반찬이 필요 없다고 느끼게 되니 염도에 대한 걱정마저 사라진다. 우리의 간장은 특히 들기름과 궁합이 좋다. 나물이나 해물, 육류를 넣고 밥을 할 때 들기름과 함께 간장으로 밑간을 하면 밥에 향이 입혀지고 짠맛이 감칠맛 나게 더해져 좋다.

밥 짓기는 어려운 일이 아니다.
밥하는 일을 몇 번만 반복하면 누구나 쉽게 밥을 해 먹을 수 있다.
밥하는 방법만 숙지하면 누구나 실패하지 않고 밥을 할 수 있다.

압력밥솥 하나로 다 된다

바쁜 현대인들이 매끼 새로 밥을 해서 먹을 수 없게 된 지 이미 오래다. 그래서 전기를 이용해 보온을 하는 방식을 선택했다. 밥 짓는 수고를 힘들어하고 밥을 짓는 데 걸리는 시간이 아깝다고 생각하기 때문이다. 우리 집에 보온의 기능이 담긴 밥솥이 처음 들어왔을 때의 놀람과 기쁨을 잊지 못하지만 그건 정말 잠시였다. 수고를 덜고 시간을 벌었지만 밥맛을 놓쳤기 때문이다.

나는 전기를 이용하지 않는 압력밥솥에 밥 짓는 걸 좋아한다. 전기압력밥솥의 장점은 물론이고 냄비처럼 사용해 냄비에 짓는 밥맛도 낼 수 있기 때문이다. 뚜껑을 살짝 얹어 사용하거나 압력 뚜껑이 아닌 밥솥에 꼭 맞는 일반 뚜껑을 사용하면 냄비처럼 밥을 짓는 중간에 뚜껑을 여닫을 수 있으므로 익는 속도가 다른 식재료를 시차를 두고 넣으면서 밥을 하는 재미도 있다. 쌀을 불린 후 30분도 채 안 되어 숟가락을 들고 밥을 먹을 수 있다. 고가의 수입 압력밥솥에 비해 가격이 아주 저렴한 국내산 압력밥솥은 성능도 좋지만 크기도 아주 다양해 1~2인 가구들이 골라 쓰기 아주 좋다.

밥도 그릇이라는 옷을 입는다

혼자 먹는 밥을 줄여 부르는 혼밥이라는 신조어가 생기고 대형마트를 통해 혼밥족을 위한 여러 상품들이 쏟아져 나오고 있다. 1회용 용기에 포장되어 나와 그릇이 없어도 불편하지 않게 먹고 바로 버리면 되는 밥뿐만 아니라 냄비에 넣고 데우기만 하면 되는 국이나 찌개까지 없는 것이 없게 넘쳐나는 세상이지만 그렇게 먹는 밥은 맛이 없다. 아무리 맛있게 만들어져 팔리는 것이라도 맛이 없다.

나는 갓 지은 밥을 제대로 된 예쁜 그릇에 담아 먹고 싶다. 그래야 같은 밥이라도 더 맛있게 먹어진다. 혼자 지내는 딸아이가 1회용 용기가 아닌 멋진 그릇에 음식을 담아 제대로 먹기를 바란다. 그러다 보면 혼자 먹는 밥이 싫어서 친구라도 부르고 싶어졌으면 좋겠다. 맛있는 밥의 조건에는 밥의 맛뿐 아니라 밥을 담아내는 그릇은 물론 밥을 같이 먹는 사람도 있음을 알기 때문이다.

PART 1

맛
있
는

밥
짓
기

맛있는 밥

어떤 밥이 맛있는 밥일까? 그 질문에 대한 정답은 세상에 없다. 백인이면 백인의 답이 다 다를 수도 있다. 밥 짓는 솥이나 쌀의 품종이 어떤 것이든 '맛있는 밥이란 이런 것'이라고 규정지어 말하기 어렵다는 뜻이다. 햅쌀로 지었든 묵은쌀로 지었든 막 지은 밥을 딱 보고 "맛있겠다"라는 말이 입에서 절로 나오는 밥이라면 그 밥이 맛있는 밥이 아닐까 한다. 결국 '맛있는 밥'이란 철저하게 자신의 기호와 취향이 만들어낸 다분히 주관적인 표현이다.

그럼에도 불구하고 맛있는 밥을 짓기 위한 기본 조건은 우선 좋은 쌀을 구입하는 것이다. 농촌진흥청 작물과학원의 발표에 의하면 단백질 함량이 적은 쌀이나 칼륨 함량에 대한 마그네슘 함량비가 높은 쌀로 지은 밥이 맛있다고 한다. 하지만 '맛있다'라는 느낌 자체가 매우 주관적이어서 과학적으로 분석하여 내놓은 결과가 모든 사람의 입맛을 충족할 수는 없을 것이다. 다만 밥맛에 영향을 미칠 수 있는 조건을 찾아서 나름의 기준을 세우는 것이 필요하다.

밥맛은 일차적으로 벼의 품종에 의해 좌우된다. 농사가 이루어지는 지역의 토양과 기상 조건, 비료, 물 관리 등의 생산 과정에 더해 건조나 도정, 저장 등이 영향을 미친다. 그리고 밥을 짓는 데에 쓰이는 열과 조리 도구인 밥솥, 밥을 짓는 과정의 자잘한 기술 역시 맛을 결정하는 요소이다. 밥맛은 앞에서 열거한 여러 조건들이 하나로 어우러져 빚어내는 일종의 종합예술이라 할 만하다.

좋은 쌀을 생산하는 일이야 농부에게 맡기면 된다. 우리가 가정에서 '맛있는 밥'을 짓기 위해 할 수 있는 첫 번째 일은 우선 좋은 쌀을 구입하는 것이다. 거기에 밥을 짓기 위한 몇 가지 간단한 기술을 익히면 된다. 자동차 운전이나 자전거 타기를 한 번 배우면 우리 몸이 그 기능을 기억하고 있어서 평생 다시 배우지 않아도 되는 것처럼 밥 짓는 법도 마찬가지다. 흰쌀밥 짓는 방법을 한 번 익히고 나면 모든 밥에 응용하여 조리할 수 있으므로 매우 유용하다.

밥맛의 특성을 나타내는 요인에는 윤기, 색, 냄새, 맛, 찰기, 씹힘성 등이 있다. 우리나라 사람들은 전통적으로 찰기가 있고 특유의 구수한 냄새를 풍기는 밥을 좋아한다. 우리가 밥맛이 없다고 느끼는 밥은 대부분 상온에서 여름을 넘긴 묵은쌀로 지은 밥으로서 밥의 맛, 향기, 찰기, 윤기, 단단함의 정도에서 햅쌀과는 큰 차이가 난다. 그러므로 쌀을 구입할 때는 생산 연도와 도정 날짜 그리고 품종을 반드시 살펴야 한다.

쌀 계량하기

매 끼니 일정하게 맛있는 밥맛을 유지하려면 쌀이나 물을 대충 눈대중으로 계량하여 밥을 지어서는 안 된다. 가정에서도 조리용 계량컵이나 계량스푼을 마련해두고 쓰면 유용하다. 표준화된 계량 도구들을 사용하면 밥뿐 아니라 반찬을 할 때도 들쭉날쭉한 맛에서 벗어나 안정적인 맛을 낼 수 있다.

나도 '눈대중' 하면 남에게 특별히 뒤진다고 생각하지 않지만 언젠가부터는 쌀을 풀 때도 계량 용기를 이용하고, 물도 역시 계량해서 밥을 안친다. 전기밥솥을 사면 계량컵이 들어 있지만, 그 컵으로 쌀을 퍼서 1인분의 밥을 하면 현대인들이 한 끼에 먹는 양보다 훨씬 더 많은 양의 밥이 된다. 그래서 나는 조리에 사용되는 200mL 용량의 계량컵을 이용해서 밥의 양을 가늠한다.

물론 사람마다 식량(食量)이 다르므로 기준을 따로 제시할 수는 없지만, 우리 집의 경우 200mL들이 컵으로 한 컵을 계량해서 밥을 지으면 남편과 나, 두 사람이 한 끼를 알맞게 먹을 수 있다. 컵을 이용해 쌀을 계량할 때는 쌀을 수북하게 담은 컵 위에 검지 손가락을 얹고 한쪽에서 다른 한쪽으로 밀어 윗면을 평평하게 하면 된다. 물을 가득 담아 흐르기 직전의 모습까지 쌀을 담아 계량하는 것이다.

쌀 씻기

쌀을 씻을 때 첫 물은 가능한 한 빠르게 버려야 한다. 적은 양이기는 하지만 쌀겨 가루나 불순물들이 쌀에 스며들어 밥 냄새를 나쁘게 하고 밥맛을 떨어뜨리기 때문이다. 또한 쌀을 씻으면서 물에 담가두는 시간이 길면 길수록 쌀에 침투하는 수분의 양이 많아지므로 밥물을 잡을 때 오차가 생기기 쉽다. 그러므로 쌀은 최대한 짧은 시간 안에 씻는 것이 좋다.

❶ 그릇에 쌀을 넣고 물을 충분히 부은 다음, 손으로 휘휘 저어 빠르게 첫 물을 버린다.
❷ 손바닥 안에 쌀을 넣고 비비듯이 살살 문질러 씻는다.
❸ 물을 충분히 붓고 손으로 재빠르게 휘저은 다음 물을 버린다.
❹ ❸의 과정을 2~3번 반복해 맑은 물이 나오게 씻는다.
❺ 체나 바구니에 씻은 쌀을 건져 불린다.

쌀 불리기

쌀을 씻어 바로 밥을 하지 않고 불리는 과정을 거치는 것은 쌀에 침투한 수분이 열전도를 용이하게 하고 전분을 쉽게 분해해 뜸이 잘 들게 하기 위해서다. 뜸이 제대로 들지 않으면 어떤 곳은 수분이 많고 어떤 곳은 수분이 적어진다. 뜸이 잘 들면 수분이 고루 잘 퍼져서 점도가 좋은 밥이 된다. 그러므로 밥을 할 때는 충분한 시간을 두고 쌀을 불리는 것이 좋다. 쌀을 불리는 동안 찌개나 국을 끓이는 데 필요한 육수를 내거나 채소를 손질하는 등의 작업을 하면 된다. 밥을 짓는 데에 필요한 시간을 잘 쪼개어 쓰면 국이나 찌개 한 가지쯤은 충분히 끓일 수 있고, 한두 가지의 반찬을 준비할 수도 있다.

밥을 짓기 전에 쌀을 씻어 물에 담가 불리기를 권하는 사람들이 많다. 쌀을 불리고 난 후 밥물을 맞출 때는 손바닥을 펴서 밥솥에 넣고 손등에 올라오는 물의 정도를 보라고 한다. 그렇게 밥물을 맞춰서 밥을 할 경우 물 맞추기에 실패하여 진밥이 되거나 된밥이 되기 쉽다. 솥의 모양이나 크기, 혹은 쌀의 양이 각각 다르므로 손등에 기준을 두고 밥물을 맞추기는 여간 어려운 것이 아니다.

그래서 나는 밥을 할 때 쌀을 씻은 후 체에 건져 30분을 전후해 불린다(더운 여름엔 조금 짧게 불려도 되고 추운 겨울엔 불리는 시간을 조금 더 길게 하는 것이 좋다). 그런 다음 밥솥에 쌀을 넣고, 씻기 전의 쌀의 양을 기준으로 밥의 용도나 밥솥의 종류에 따라 밥물을 잡는다. 일반 압력솥에 밥을 할 경우 대개 씻기 전 쌀과 밥물을 1:1로 잡으면 거의 실패하지 않고 밥을 지을 수가 있다.

잘 마른 쌀이 가지는 수분 함유량은 대개 15% 전후다. 봄가을을 기준으로 쌀을 씻어 30분간 불리면 투명했던 쌀알은 흰색이 되고 부피는 약 25%쯤 커진다. 쌀을 물에 담가 불리지 않고 씻은 후 건져만 두어도 쌀알의 겉면에 묻어 있던 수분이 안으로 침투해 충분히 불게 되므로 걱정하지 않아도 된다. 오히려 쌀을 물에 담가 너무 오래 불리면 쌀이 가지고 있던 여러 영양소들이 물로 빠져나오고 쌀알의 탄력이 줄어 밥을 해놓았을 때 식감이 많이 떨어진다.

쌀알

불린 쌀알

밥알

물의 선택

밥을 맛있게 짓기 위해서는 물이 아주 중요한 요소로 작용하므로 쌀을 씻거나 밥물로 쓰는 물이 밥맛을 좌우한다. 그래서 어떤 사람들은 쌀을 씻을 때 첫물은 반드시 정수기 물을 쓰라거나 생수를 쓰라거나 하는 등의 이야기를 한다. 물이 밥맛에 영향을 미치는 것은 사실이지만 너무 유난을 떨 필요는 없다.

밥을 하는 물의 맛에 과하게 매일 필요가 없다는 뜻이다. 가정에서 밥을 하는 데 가장 좋은 물은 정수기를 통과하고 나온 물이겠지만 우리가 평소에 먹는 수돗물로도 충분하다. 다만 미네랄이 너무 과하게 들어 있는 물은 밥의 향이나 맛을 제대로 끌어내지 못한다는 것을 유념하면 된다.

밥맛에 예민해서 정말 좋은 맛과 향으로 승부를 걸고 싶은 사람에게는 벼가 자라던 환경과 같은 물로 밥을 지으라고 권하고 싶다. 다시 말하면 자기가 살고 있는 지역에서 생산한 쌀에 그 지역의 물로 밥을 지으면 최상의 맛과 향은 물론이고 윤기가 나는 등 시각적으로도 만족할 만한 밥을 만나게 될 것이다.

밥을 짓는 데 물맛에 크게 매일 필요가 없다고 했지만 잊어서는 안 되는 것이 하나 있다. 바로 쌀을 씻는 물의 온도다. 기온이 떨어져서 날씨가 추울 경우 손이 시리다고 하여 뜨거운 물로 쌀을 씻거나 불리면 쌀 속의 당화 효소인 아밀라아제가 활성화되어 쌀이 함유하고 있는 전분을 당화시켜서 쌀 씻은 물과 함께 당분이 버려지게 된다. 버려진 당의 양만큼 밥의 단맛도 물과 함께 사라져버려서 맛이 없는 밥을 먹게 된다. 쌀을 씻을 때는 가정에서 사용하는 수돗물의 온도면 적당하다.

밥솥의 선택

솥 맛도 밥맛이라고 했다. 하지만 요즘이야 다기능화되어 있는 전기압력밥솥에 매뉴얼대로 밥을 하기만 하면 누구나 맛있는 밥을 지을 수 있다. 밥 짓는 데에 별다른 경험이나 기술이 필요치 않은 세상이 된 것이다. 그저 밥솥이 시키는 대로만 하면 웬만한 밥맛을 낼 수 있으니 쉽고 편하게 밥을 할 수 있게 되었다.

전기압력밥솥으로 지은 밥은 구수한 맛, 누룽지 냄새, 윤기, 찰기, 입안에서의 식감 등이 다른 밥솥에서 지어낸 밥보다 일반적으로 우수하다고 평가받고 있다. 그러나 장점이 많은 데에 반해 시간이 좀 오래 걸리고, 나만의 재미있는 밥을 짓기가 어려울 뿐 아니라, 중간에 솥을 열어서 재료를 더하거나 빼는 것이 불가능하다는 단점이 있다.

일반 전기밥솥도 압력에 의해 생기는 뭉침성이나 찰기가 떨어지는 것을 제외하면 전기압력밥솥과 대동소이하다. 밥솥에 표시된 대로 쌀을 씻어 넣고 밥물을 잡으면 누구나 쉽게 밥을 지을 수 있으며 예약취사 기능과 보온 기능이 있어서 아주 편리하다. 그러나 전기밥솥에 오래 보관한 밥은 식지 않고 따뜻하게 먹을 수 있는 대신에 누렇게 색이 변하고 특이한 냄새가 난다는 약점이 있다. 전기압력밥솥이나 전기밥솥은 60~70도로 보온을 유지하는 기능이 있으므로 편리하다. 이 보온 기능은 식혜를 만들 때 사용하면 아주 편리하다.

> 밥의 단맛은 쌀이 끓기 시작해서 밥이 되는 동안
> 나오는 것이다. 그러므로 끓는 시간이 너무 짧으면 단맛이 줄어들고
> 끓는 시간이 15분을 넘어서면 쌀이 탄력을 잃고 질척거리는 밥이 된다.

도자기밥솥이나 냄비의 경우 압력솥과는 달리 구수한 맛과 냄새는 물론 단맛이 좋은 밥을 지을 수 있다. 그러나 불 조절이 어렵고 밥물이 넘치는 등의 어려움이 있어서 밥의 완성도가 일정하지 않다. 빠른 시간에 끓는 냄비와는 달리 도자기밥솥에 밥을 할 때는 솥이 달궈지는 시간이 10분 정도로 길다. 그러므로 처음에 강한 불로 10분 정도 끓이다가 끓기 시작하면 약한 불로 줄이고 15분 정도 더 끓여야 한다. 그 후 불을 끄고 다시 5분 정도의 뜸을 들이는 시간이 필요하다. 이때 남은 수분이 쌀 속에 완전하게 스며들어 밥맛이 좋아지기 때문이다. 도자기밥솥이든 냄비든 밥을 짓는 가장 중요한 요소는 시간에 따라 불을 조절하는 것이다.

일반 압력솥은 약한 불에서도 고온이 유지되므로 쌀의 전분이 물을 잘 흡수하고 열에 의한 호화가 잘 이루어져 밥의 찰기를 잘 내게 한다. 전기압력밥솥과 함께 불리지 않은 쌀로도 밥을 할 수 있는 큰 장점이 있다.

일반 압력솥은 전기 압력솥보다 조리하는 시간이 짧아 영양소의 손실도 비교적 적다. 그래서 나는 전기압력밥솥과 냄비의 장점을 고루 갖춘 것이 일반 압력솥이라 여기며 주로 일반 압력솥에 밥을 한다. 일반 압력솥에 밥을 하는 방법을 잘 습득하면 모든 밥솥으로 밥을 하는 데 어려움이 없을 것이다. 솥의 재질에 따라 열전도율이 다르므로 밥을 하는 방법이나 물의 양에 있어 약간의 차이가 있을 뿐이라서 누구나 쉽게 밥을 지을 수 있다.

조선 후기에 출간된 『규합총서(閨閤叢書)』나 『조선무쌍신식요리제법(朝鮮無雙新式料理製法)』에 의하면 '밥을 짓는 그릇은 곱돌솥이 으뜸이고 오지탕관(질그릇 뚝배기)이 그다음이요, 무쇠솥이 셋째'라고 했다. 이를 보면 최근의 외국 브랜드의 무쇠솥 열풍처럼 무쇠솥에 대한 선호가 어제오늘 일이 아니라 오래전부터 있었음을 알 수 있다. 그리고 오히려 무쇠솥보다는 돌솥에 대한 선호도가 높음을 알 수 있다.

불의 조절

돌솥에 밥을 지으면 열전도율이 낮아 끓는 데까지는 시간이 걸리지만 뜸이 고르게 들며 쉽게 식지 않기 때문에 마지막까지 밥을 맛있게 먹을 수 있다. 하지만 열이 오래 남아 있어 불을 끈 후에도 식지 않으므로 자칫 잘못하면 밥이 탈 수 있다. 무쇠솥은 뚜껑이 무겁고 바닥이 두꺼워 열 보존율이 높아 약한 불에서도 밥이 잘된다.

돌솥과 무쇠솥 모두 밥을 지을 때 누룽지를 눌릴 수 있어서 구수한 숭늉을 마실 수 있는 장점이 있다.

전기압력밥솥을 만들어 파는 회사들은 전기압력밥솥이 가마솥의 밥맛을 낸다고 광고한다. 그러니 어쩌면 우리가 가장 좋아하는 밥은 찰기가 약간 있고 구수한 맛의 가마솥밥인지도 모른다.

'강하고 빠르게,
다음엔 약하고 부드럽게,
그리고 미동도 없이 조용히.'

밥을 할 때 불 조절은 중요하지만 아주 간단하다. 처음에는 강한 불로 끓는점에 빠르게 도달하게 하는 것이 좋다. 밥이 끓기 시작하여 밥물이 넘치려 하고 점성이 증가하면 불을 최대한 약하게 줄이고 뜸을 들인다는 기분으로 15분간 계속 가열한다. 이때부터는 밥솥의 뚜껑을 열지 말아야 한다. 밥을 하면서 뚜껑을 자주 열면 순간적으로 온도가 내려가서 밥이 잘되지 않는다.

밥을 할 때는 균일한 온도와 균일한 압력이 밥맛을 좋게 하므로 가능하면 뚜껑을 열지 않는 것이 좋다. 여러 번 반복해서 밥을 하면 감으로도 밥을 할 수 있지만 처음엔 고민하지 말고 타이머를 이용해 시간을 지키는 것이 좋은 밥맛을 위해 필요하다. 15분이 지나면 불을 끄고 뚜껑을 계속 덮어놓은 상태로 5분 이상 둔다.

뜸 들이기

뜸 들이기는 높은 열로 익힌 음식을 약한 열로 음식의 속까지 고루 잘 익히는 작업이다. 그러므로 밥을 할 때 뜸을 들이면 쌀이 끓는 동안 쌀알로 깊숙이 다 들어가지 못하고 겉돌던 밥물이 쌀알 하나하나로 고루 들어가 퍼져서 밥이 맛있게 지어진다. 그렇다고 뜸을 너무 오래 들이면 밥을 지을 때 올라가던 수증기가 솥뚜껑에 방울져 있다가 다 된 밥 위로 떨어져 밥알이 퍼지게 된다. 그러므로 뜸이 들고 밥이 다 되면 얼른 솥뚜껑을 열고 주걱을 이용해 위아래, 앞뒤, 좌우로 섞어주어야 한다.

황금비율 3:1

맛있는 밥을 짓기 위해서는 용도에 맞는 쌀 하나만을 잘 선택하는 것이 최선이다. 그러나 만약 밥맛을 떨어지게 하는 쌀이 집에 있거나 묵은쌀이 있다면 황금비율로 섞어서 밥을 지으면 좋다. 황금비율 3:1이란 일종의 블렌딩 비율 3:1을 말한다. 이를테면 품질이 떨어지는 쌀을 좀 더 맛있게 먹기 위하여 혼합미를 만드는 비율이라고 말할 수 있다.

즉 맛있는 쌀과 맛없는 쌀, 혹은 햅쌀과 묵은쌀을 3:1 비율로 섞는 것을 의미한다. 봄이 지나고 여름으로 치닫는 더위 속에서 쌀은 이제 묵을 대로 묵어서 밥맛이 형편없이 떨어진다. 지금처럼 쌀의 유통이 활발하게 이루어지지 않던 옛 시절에는 추석이 되고 햅쌀이 나와도 집집마다 아껴 먹다 남은 묵은쌀이 있기 마련이었다. 쌀이 묵어 밥맛이 떨어지면 쌀로 떡을 해서 이웃과 나눠 먹어 없앴다. 요즘처럼 간식거리가 많은 시절에는 떡을 집에서 해 먹는 일은 아주 드물지만 쌀을 사다 놓고 밥을 해 먹지 않아서 도정한 날로부터 멀어져 밥맛이 떨어질 때 활용할 수 있는 방법이 바로 3:1의 황금비율로 혼합하여 밥을 짓는 것이다.

멥쌀과 잡곡으로 밥을 지을 때도 이 비율로 맞추면 적당할 것이다. 찰기가 적은 쌀과 찰기가 많은 쌀을 섞을 때도 마찬가지다. 지극히 주관적이기는 하지만 나는 흰쌀밥보다 잡곡이 넉넉하게 들어간 밥을 좋아하기 때문에 잡곡밥을 할 때도 이 비율을 선호한다.

요즘은 밥맛을 최상으로 내기 위해서 커피나 와인 등과 같이 몇 가지 품종의 쌀을 치밀하게 계산하여 황금비율로 블렌딩한 쌀도 판매하고 있다. 그뿐 아니라 그렇게 블렌딩한 쌀로 지은 밥의 밥맛을 내세우는 밥집도 있다.

맛있는 밥을 위한 쌀의 비법

맛있는 밥을 위한 쌀의 비법은 밥을 하기 직전에 도정을 하는 것이다. 도정하자마자 밥을 해서 먹는 것이 최고의 밥맛을 내기 때문이다. 쌀은 도정을 하면 그때부터 바로 산화가 시작되어 밥맛이 떨어진다. 그러니 우리나라의 유통 환경에서는 어려운 일이지만 가정에서 도정기를 준비해두고 밥을 할 때마다 바로 도정을 해 먹는 것이 맛있는 밥을 위한 비법 중의 비법이다.

가정에서 도정기를 사용하면 산화되지 않은 쌀로 맛있는 밥을 지을 수 있다는 이점에 더하여 도정의 과정을 기호에 따라 그때그때 조절할 수 있다는 점이 매력이다. 현미의 쌀겨층의 5할을 제거하여 5분도미를 만들 수도 있고, 7할을 제거하여 7분도미를 만들 수 있는 등 원하는 만큼 도정된 쌀로 다양한 밥을 즐길 수 있다. 가정용 도정기의 보급이 시급하다.

먹다 남은 쌀의 보관

한 끼 먹을 만큼의 쌀을 즉석에서 도정해 먹을 수 있다면 좋겠지만 현재 우리나라의 형편상 거의 불가능한 일이다. 그렇다면 먹다 남은 쌀을 새로 도정한 쌀에 최대한 가깝게 보관하는 방법이 필요하다.

먹다 남은 쌀을 방금 도정한 쌀에 최대한 가깝게 보관한다는 것은 도정 후 급속하게 진행되는 쌀의 산화를 막아야 한다는 것을 의미한다. 그러기 위해서는 빛과 공기를 차단하고 낮은 온도를 일정하게 유지하면 된다. 나는 밀폐용기를 이용해 냉장고에 보관하여 자연스럽게 빛과 공기를 차단하고 낮은 온도를 유지하는 방법을 쓴다.

아무리 밀폐용기를 이용해 냉장고에 보관한다고 하더라도 적은 양으로 포장되어 판매되는 갓 도정한 쌀을 자주 구입하는 것만 못하다. 밀폐용기를 이용해 상온에서 보관하면서 맛있게 밥을 먹으려면 최대 2주 안에 소비해야 하고, 냉장고에 보관을 한다 해도 한 달 이내에 밥을 지어 먹어야 맛있는 밥을 먹을 수 있다.

세상에서 가장 맛있는 밥은
내가 지은 밥

밥을 지어 뜸을 들인 후 밥을 푸기 위해 솥뚜껑을 여는 순간의 떨림과 설렘은 마치 시험 결과를 기다리는 수험생과도 같은 느낌으로 다가온다. 솥이 반쯤 열렸을 때 밥내가 구수하게 코를 자극한다. 그리고 반짝반짝 윤기가 흐르는 밥알이 보이면 일단 맛있는 밥 짓기는 성공한 것이다. 그때 옆에 있던 누군가가 "와, 맛있겠다!"라는 감탄을 쏟아낸다면 밥을 한 사람의 기분은 풍선처럼 부푼다.

전기밥솥이나 전기압력밥솥 등에다 사용 설명서에 따라서 쌀과 물을 넣고 기다렸다가 다 된 밥을 먹는 경우와는 달리, 재래식 솥에다 불을 조절해가면서 손수 밥을 지으면, 한술 밥에 대한 감사함과 경건함과 성취감과 보람이 훨씬 진하게 느껴질 것이다. 직업으로 늘 밥을 차리는 사람은 '다른 사람이 해주는 밥'이 세상에서 가장 맛있는 밥이라고 말한다. 하지만 자기가 좋아하는 솥을 골라 자신의 입맛을 기준으로 물의 양과 불의 세기를 조절하고 적절한 시간 안에 밥을 해서 입에 넣으면 반찬이 필요 없다. 밥 하나면 다 된다.

# 쉽고도 어려운 밥, 흰쌀밥

밥으로서의 역사가 가장 긴 밥은 흰쌀밥이다. 오로지 쌀 하나로 승부를 겨루는 밥이다. 밥이 지어지는 동안 주방에 퍼지던 밥내가 밥솥의 뚜껑을 여는 순간 김과 함께 올라와 급작스럽게 허기를 느끼게 한다. 잘 익은 김치를 생각나게도 하고, 게장, 젓갈 등 온갖 반찬들을 '밥도둑'이라는 이름으로 불러내기도 하는 마력을 지닌 밥이 흰쌀밥이다. 다른 어떤 재료와도 섞이지 않았기 때문에 어떤 품종의 쌀로 밥을 하느냐에 따라 밥맛이 달라지기도 하고, 밥하는 사람의 기술이 고스란히 다 드러나는 아주 솔직한 밥이다. 그런 만큼 밥을 하는 사람에게는 짓기가 어려운 밥이기도 하다. 하지만 밥 짓기도 과학이라 쌀과 물의 비율, 불의 강약과 시간만 지킨다면 누구나 쉽게 맛있는 흰쌀밥을 지을 수 있다.

재료
쌀 1컵, 물 1컵

밥 짓는 법

1. 쌀을 씻는다.
   ① 쌀에 물을 붓고 대충 씻는다는 기분으로 휘휘 저어 재빨리 물을 버린다.
   ② 다시 물을 받아 쌀을 박박 문지르지 말고 두 손바닥 안에 넣고 비비듯이 주무르며 꼼꼼하게 씻는다.
   ③ 두 번 더 휘휘 저으면서 씻어 체에 밭쳐 30분간 불린다.
2. 불린 쌀과 함께 압력솥에 물을 넣고 센 불에서 밥을 한다.
3. 밥이 끓기 시작하면서 추가 칙칙 소리를 내고 흔들리면 밥솥의 추 주변으로 물이 보이는데
   그 물이 다 마르면 불을 끄고 저절로 김이 빠질 때를 기다린다.
   추 주변의 물은 30초를 전후해서 다 마르게 된다. 그러므로 추가 세게 흔들리면서 30초 정도 지나면 불을 꺼도 좋다.
   압력솥에 하는 밥은 김이 저절로 빠지는 동안 뜸이 든다.
4. 10분을 전후해서 김이 다 빠지면 뚜껑의 가장자리에 모여 있던 물이 밥에 떨어지지 않게 뚜껑을
   한쪽으로 기울이며 밥솥을 연다.
5. 밥솥의 가장자리로 주걱을 돌리면서 재빨리 밥을 들어 살살 펴면서 위아래로 고루 섞어 밥을 푼다.

태초의 밥, 현미밥

벼는 밀, 옥수수와 함께 전 세계에서 재배되고 그 역사 또한 유구하다. 우리 조상들은 처음부터 쌀을 '백미'의 상태로 먹지는 않았을 것이다. 도정 기술이 발달하지 못했던 시절에는 기껏해야 벼의 겉껍질 정도를 벗겨서 익혀 먹었을 가능성이 크다. 현미는 오래 꼭꼭 씹어 먹지 않으면 소화·흡수되기가 어려울뿐더러 밥맛 또한 제대로 느끼기가 어렵다. 그렇기 때문에 씹지 않고 먹어도 저절로 소화가 될 만큼 부드럽고 단맛이 나는 밥이 되는 백미는 꽤 오랫동안 사람들의 소망이 되었을 것이고, 그러한 소망이 바로 도정 기술의 발전을 가져왔을 것이다. 하지만 현미가 건강식으로 주목을 받기 시작하면서 현미와 백미에 대한 인식이 역전되었다. 현미는 물을 잘 흡수하지 못하므로 밥을 짓기 전에 적어도 6시간 정도는 물에 불려야 한다. 밥을 하는 시간도 백미로 할 때보다 더 오래 걸린다. 건강도 좋지만 여러모로 귀찮다. 하지만 압력솥에 밥을 지어서 속까지 잘 익히면 그 밥맛이 구수하니 깊어 참 좋다.

재료
현미 1컵, 물 1.5컵

밥 짓는 법

1. 쌀을 씻는다.
   ① 쌀에 물을 붓고 대충 씻는다는 기분으로 휘휘 저어 재빨리 물을 버린다.
   ② 철망으로 된 작은 체에 쌀을 넣고 손바닥으로 문지르며 현미 표면에 상처를 입힌다는 기분으로 박박 씻는다.
   ③ 두세 번 더 휘휘 저으면서 씻어 물에 담가 5~6시간 이상 불린다.
2. 불린 쌀과 함께 압력솥에 물을 넣고 중간 불에서 밥을 하기 시작한다.
3. 밥이 천천히 끓기 시작하면서 추가 칙칙 소리를 내고 흔들리면 불을 약하게 줄이고 15분간 더 두었다가 불을 끈다.
4. 저절로 김이 다 빠지면 뚜껑의 가장자리에 모여 있던 물이 밥에 떨어지지 않게 뚜껑을 한쪽으로 기울이며 밥솥을 연다.
5. 밥솥의 가장자리로 주걱을 돌리면서 재빨리 밥을 들어 살살 펴면서 위아래로 고루 섞어 밥을 푼다.

1-②

PART 2

계절 담은 밥 짓기

봄

산채의 제왕으로 짓는 밥
두릅밥

건강한 노인이 되는 밥
구기자호두밥

봄의 전령사 냉이로 짓는 밥
냉이바지락밥

여자가 먹어도 좋은 기운찬
남자밥

스트레스 받은 날엔 매콤한
제육덮밥

산채의 제왕으로 짓는 밥 두릅밥

재료
쌀 1컵, 작은 두릅 100g, 물 1컵

부추 양념장
간장 1큰술, 육수(혹은 물) 1큰술,
송송 썬 부추 2큰술,
들기름 1/2큰술, 깨소금 1작은술

봄철에 두릅이 나무 위에서 피어오르는 모습을 보면 마치 왕관이 머리 위에서 꽃으로 피어나는 형상과 같다. 그래서 두릅은 봄나물의 황제라 하여도 틀린 말이 아니다.

나는 두릅을 만나면 굵고 좋은 것은 골라 옅은 소금물에 데쳐서 초장과 같이 먹고, 자잘하거나 억세고 너무 쉰 것은 따로 골라 두었다가 손질해서 밥을 짓는다. 구수한 밥내와 함께 두릅의 알싸한 향이 오감을 자극한다. 온 집안에 풍기는 두릅밥의 향을 즐기면서 부추를 썰어 넣고 양념장을 만든다. 갓 지은 밥을 양념장으로 비빈다. 간은 약하게 해야 두릅의 맛과 향을 온전히 느끼면서 밥을 먹을 수 있다. 두릅이 있어 좋은 봄이다.

밥 짓는 법

1. 쌀은 첫 물을 재빨리 버리고 깨끗이 씻어 30분간 불린다.
2. 두릅은 겉껍질을 떼어내고 손질한 뒤 깨끗이 씻어 물기를 제거한다.
3. 씻어둔 두릅의 반은 잘게 송송 썰고 남은 두릅은 통째로 손질해 놓는다.
4. 불린 쌀을 압력솥에 담고 물을 부은 후 뚜껑을 연 채 밥을 한다.
5. 밥이 끓기 시작해 물이 잦아들면 썰어놓은 두릅을 밥 위에 올리고 압력솥의 뚜껑을 덮고 계속 끓인다.
6. 압력솥의 추가 세게 흔들리면서 끓으면 흰쌀밥을 하는 방법으로 밥을 짓는다.

건강한 노인이 되는 밥 구기자호두밥

재료
쌀 1컵, 호두살 1/4컵, 구기자 10g, 물 1컵

누구나 나이를 먹는다. 누구나 나이를 먹고 노인이 되지는 않는다. 노인이 된다고 하더라도 모든 노인이 건강한 것은 아니다. '건강한 노인'은 아무나 되는 것이 아니다. 불로장생(不老長生)이야 바라지 않지만 나는 적어도 자식에게 짐이 되는 노인이 되고 싶지는 않다. 그러려면 젊고 건강할 때 몸 관리를 잘 해야 한다. 건강관리의 제일은 제때, 제대로 된 밥을 먹는 것이라는 믿음을 가지고 있다. 그래서 나는 늘 열심히 정성 들여 밥을 한다. 그중에 특히 구기자호두밥은 나이가 들면서 허약해지기 쉬운 근육과 뼈의 건강에 좋다. 기억력이 떨어지는 것을 늦추는 데에도 도움이 된다. 거기에 더하여 맛도 좋으니 금상첨화다.

밥 짓는 법

1. 쌀을 씻어 30분간 불린다.
2. 호두살을 흐르는 물에서 씻은 뒤 건져 잘게 다진다.
3. 구기자는 깨끗하게 씻어 쌀을 불리는 동안 물 1컵을 부어 놓는다.
4. 압력솥에 쌀을 넣고 썰어 놓은 호두와 구기자가 담긴 물을 같이 붓는다.
5. 흰쌀밥을 하는 방법으로 밥을 한다.

봄의 전령사 냉이로 짓는 밥 냉이바지락밥

재료
쌀 1컵, 냉이 50g, 바지락 육수 1컵, 청주 1큰술

바지락 육수
바지락 150g, 물 1컵

달래 양념장
간장 1큰술, 송송 썬 달래 2큰술, 들기름·깨소금 약간

언 땅을 뚫고 나오는 냉이로 된장국을 끓인다. 봄을 느끼는 첫맛이다. 거기에 찬밥을 말아먹은들 달리 반찬이 없다 해도 입맛 없다 할 사람은 없을 것이다. 냉이 된장국에 때맞춰 살이 오른 바지락조개라도 몇 개 넣어 끓이면 향채·산채가 없어도 봄이 입안에서 즐거이 노니는 기분을 느낄 것이다. 봄철, 냉이와 바지락으로 된장국만 끓이면 재미없다. 약간의 기술도 필요하고 귀찮은 품을 좀 팔아야 하지만 그것들로 밥을 지으면 여간 폼 나는 게 아니다. 요란한 손님초대요리는 아니지만 손님을 부르고 싶어진다. 냉이의 구수한 맛은 땅의 힘을 봄기운으로 전하고, 거기에 바지락이 더해지니 바다의 기운이 혀끝에 감긴다.

냄비밥 같은 압력솥밥 짓는 법

1. 쌀을 씻어 체에 밭쳐 30분간 불린다.
2. 바지락을 소금물에 담가 어두운 곳에서 해감한 후 바락바락 비벼 씻는다.
3. 냄비에 바지락과 물을 넣고 바지락이 입을 열 때까지만 끓여 체에 밭쳐 두고 육수는 따로 담아 둔다.
4. 냉이는 다듬어 모래가 나오지 않을 때까지 씻은 뒤 2~3cm 길이로 썬다.
5. 압력솥에 불린 쌀과 바지락 육수, 청주를 넣고 뚜껑을 얹듯이 덮고 센 불로 밥을 한다.
6. 밥이 끓기 시작하면 손질해둔 냉이와 익힌 바지락을 넣고 압력솥의 뚜껑을 제대로 덮어 압력이 가해지면서 끓게 한다.
7. 추가 세게 흔들리면 30초 후 불을 끄고 저절로 김이 빠지게 둔다.
8. 김이 다 빠지면 뚜껑을 열어 밥을 고루 섞어 푼다.

여자가 먹어도 좋은 기운찬 남자밥

재료
쌀 1컵, 약재 우린 물 1컵

약재 우린 물
물 2컵, 인삼 5g, 백복령 5g,
백출 5g, 감초 5g

한의원에서 내려주는 처방 중에 사군자탕(四君子湯)이라는 것이 있다. 위장의 기능이 허약하여 빈혈의 경향이 있고 원기가 쇠약한 사람에게 사용하는 처방이다. 처방전에 쓰인 약재들은 5일 장터에 가면 쉽게 만날 수 있는 것들이라서 나는 가끔 이 처방을 응용해 밥을 지어 먹는다.
흰쌀밥이 허전하게 느껴지고 기분마저 나른하여 의기소침해지면 '기운찬 남자밥'을 지어 먹는다. 이 밥을 먹으면 추운 겨울날 한약방의 문을 막 열고 들어갔을 때 코끝으로 스며드는 기분 좋은 탕약향이 느껴져서 좋다. 밥을 먹는 동안 어느덧 마음이 따뜻해지고 몸이 가벼워지는 밥이다.

밥 짓는 법

1. 약재를 흐르는 물에서 씻은 후 약 2컵의 물에 1시간 정도 담가둔다.
2. 약재가 담긴 물을 냄비에 붓고 센 불로 끓이다가 물이 끓기 시작하면 불을 줄이고 20분간 더 끓인다.
3. 약재 우린 물과 함께 불린 쌀로 흰쌀밥을 할 때와 같은 방법으로 밥을 한다.

스트레스 받은 날엔 매콤한 제육덮밥

제육볶음 재료
돼지고기 앞다리살 300g,
양파 ½개, 대파 1뿌리, 당근 ¼개,
새송이버섯 ½개, 매운 고추 1개,
통깨 약간, 참기름 ½큰술,
양념장 5~6큰술, 들기름 1큰술

제육볶음 양념장
고추장 6큰술, 고춧가루 6큰술,
간장 3큰술, 사과즙 1컵,
청주 6큰술, 조청 3큰술,
다진 마늘 6큰술, 생강즙 1큰술

살다 보면 이유를 알 수 없는 짜증으로 누군가 말을 걸기만 해도 폭발할 것 같은 날이 있다. 그 스트레스가 사람에 의한 것이든 얽히고설킨 일 때문이든 스트레스를 묵히고 쌓아두면 병이 된다. 스트레스를 푸는 데에 다양한 방법들이 있겠지만 좋은 사람과 음식을 나누는 것만 한 것이 없다. 매콤한 자극에다 포만감까지 느낄 수 있는 제육덮밥이 쌓인 스트레스를 날려줄 것이다. 음식의 섭취를 스트레스를 푸는 수단으로 사용하면 안 된다. 그러나 건강하게 매운 제육덮밥은 심신의 스트레스를 땀과 함께 날려줄 것이다. 덮밥엔 역시 흰쌀밥이 좋다. 씻어 불린 쌀로 흰쌀밥을 짓는 동안 돼지고기를 고추장에 볶는다. 다 지어진 밥에 제육볶음을 올리면 된다. 알맞게 익은 물김치가 있으면 금상첨화다.

제육볶음 만드는 법

1. 돼지고기는 한입 크기로 얇게 썬다.
2. 양파는 껍질을 벗기고 씻어 굵게 채 썰고 새송이버섯은 얇게 편으로 썬다.
3. 매운 고추는 어슷하게 썰고, 대파는 반으로 갈라 4~5cm 길이로 썬다.
4. 당근은 길이로 반을 갈라 4~5cm 크기로 아주 얇게 썬다.
5. 돼지고기를 그릇에 담고 양념장을 넣어 버무린다.
6. 달군 프라이팬에 들기름을 두른 후 재워둔 고기를 센 불에서 국물이 생기지 않게 재빨리 볶는다.
7. 돼지고기가 반쯤 익을 무렵 당근과 새송이버섯, 양파를 넣고 같이 볶는다.
8. 썰어 놓은 대파와 매운 고추, 통깨, 참기름을 넣고 마무리한 후 불을 끈다.
9. 밥 위에 얹어 낸다.

여름

상추쌈과 최고의 궁합
보리밥

열 내리는 노랑밥
치자밥

산골의 별미밥
녹차해물밥

비벼 먹는 삼계탕
닭고기영양밥

카레라이스보다
된장덮밥

뽀글이장에 비벼 먹는
두부밥

상추쌈과 최고의 궁합 보리밥

재료
보리쌀 1/2컵(물 2컵),
쌀 1/2컵(물 1/2컵)

쌈장
된장 200g, 두부 100g,
다진 양파 2큰술, 풋고추 2개,
다진 파 1큰술, 다진 마늘 2큰술,
고춧가루 1큰술, 들깨가루 1큰술,
다시마가루 1작은술,
멸치가루 1작은술,
표고버섯가루 1작은술,
끓인 물 약간

쌈장 만드는 법
1. 두부는 으깬다.
2. 양파, 대파, 마늘, 풋고추는 다져서 준비한다.
3. 모든 재료를 그릇에 담고 고루 섞는다.
4. 끓여서 식힌 물로 되기를 조절한다.

농사일이 너무 바빠 오죽하면 불을 땔 때 쓰는 부지깽이도 일손을 거든다고 하는 유월엔 보리가 우리에게 온다. 보리 타작을 마치고 햇보리가 나올 즈음엔 텃밭의 상추가 풀 먹인 셔츠 깃처럼 빳빳하게 자란다. 보리밥은 좀 넉넉하게 지어서 상추를 한 바가지 씻어 놓고 앉아 쌈을 싸 먹어야 제맛이다. 상추와 된장, 보리밥을 한데 아울러 한 쌈 싸서 입이 미어지게 먹노라면 세상 부러울 것이 없다. 열무김치 한 사발을 곁들인다면 왕후장상의 밥상도 부럽지 않다. 보리는 쌀과 익는 속도가 다르므로 미리 넉넉히 삶아 냉동실에 넣어두고 그때그때 불린 쌀과 함께 밥을 하면 편하다. 하지 감자도 제철이므로 감자 한 개 같이 넣고 밥을 하면 감자의 단맛이 밥에 어우러져 더욱 맛있는 밥이 된다.

밥 짓는 법

1. 쌀은 깨끗이 씻어 체에 밭쳐둔다.
2. 보리쌀은 물을 적게 넣고 박박 주물러 씻기를 2번 하고 3~4번 헹군다.
3. 밥솥에 보리쌀과 분량의 물을 넣고 끓인다.
4. 보리쌀이 끓기 시작하면 불을 최소로 줄여 15~20분간 더 끓인 후 뚜껑을 열고 보리쌀이 퍼졌는지 확인한다.
5. 압력솥에 불린 쌀과 퍼진 보리를 함께 넣고 흰쌀밥을 할 때와 같은 방법으로 밥을 한다.

열 내리는 노랑밥 치자밥

재료
쌀 1컵, 치자물 1컵

치자물
치자 5g, 물 1 1/2컵

화려하고 강렬한 인공색소들이 판을 치는 세상에서 자연으로부터 우린 소박하고 은은한 빛깔은 사람들의 눈길을 끌지 못하는 게 당연지사다. 더구나 자연에서 얻은 대개의 색채는 물이 더해지고 온도가 올라가면 엷어지다 못해 그 빛이 아예 바래기도 하니 더욱 그러하다. 그러나 치자는 다르다. 치자는 오래전부터 음식에 노란색을 입히는 데 쓰였다. 집안에 잔치가 있는 날이면 마당에 놓인 솥뚜껑에서 지글거리며 익어가는 전에도 치자물을 들여 자칫 덤덤하기 쉬운 전에다 치자빛 생기를 불어넣었다. 벌에 쏘이거나 염증으로 부어오른 피부에 붙이는 밀떡을 만들 때에도 치자가 빠지지 않고 쓰였다. 치자로 물을 내어 쌀과 함께 밥을 하면 눈이 부시도록 노란 색이 도드라져 밥을 먹는 내내 마음에도 노랑물이 드는 것 같아 기쁘다. 더운 여름날의 치자밥은 몸에 쌓인 열을 내려주니 해 먹지 않을 이유가 없다.

밥 짓는 법

1. 찬물 1 1/2컵에 치자 5g을 넣고 30분간 우린다.
2. 쌀을 흰쌀밥을 할 때와 같은 방법으로 씻는다.
3. 씻은 쌀을 체에 밭쳐 30분간 불린다.
4. 압력솥에 불린 쌀과 치자물 1컵을 같이 넣고 밥을 한다.
5. 추가 돌기 시작하고 추 주위의 물기가 사라지면 불을 끄고 김이 빠지기를 기다린다.
6. 김이 빠지면 솥뚜껑을 열고 흰쌀밥과 같은 방법으로 밥을 살살 섞어 푼다.

산골의 별미밥 녹차해물밥

재료
쌀 1컵, 물 1컵, 잎녹차 5g,
마른 홍합살 5개, 통새우 3마리,
바지락살 50g

대파 양념장
간장 1큰술, 물 1큰술,
다진 대파 1큰술,
다진 마늘 1작은술,
고춧가루 1작은술, 깨소금 1작은술,
들기름 ½큰술

이런저런 해물을 넣고 밥을 짓는다. 바다의 향까지 더불어 먹을 수 있으니 밋밋한 쌀밥에 비할 바가 아니다. 특히 나처럼 태생이 산골인 사람에게 해물이 깊숙이 깃든 밥은 그야말로 별미다. 아무리 싱싱한 해물이라 해도 어찌할 수 없는 비린내 때문에 숟가락질을 주저하는 사람들이 있으니 녹차를 한 스푼 넣고 밥을 한다. 찻잎에서 찻물이 우러나면서 해물과 어우러져 불쾌함을 주는 냄새는 사라지고 깔끔한 맛의 해물밥이 완성된다. 해물은 꼭 홍합이나 새우, 바지락조개가 아니어도 괜찮다. 계절이 바뀌면서 바다가 주는 각종 해산물들은 모두 밥의 재료가 되니 해물로 인하여 변화무쌍한 밥의 세계가 내 밥상에 펼쳐지게 될 것이다.

밥 짓는 법

1. 쌀을 깨끗이 씻어 30분간 불린다.
2. 잎녹차 5g을 준비한다.
3. 마른 홍합은 씻어서 물에 불린다.
4. 생새우는 껍질을 벗기고 얇게 저며 놓는다.
5. 바지락살은 물에 살살 흔들어 씻은 뒤 물기를 뺀다.
6. 압력솥에 쌀과 찻잎을 흩뿌려 얹고 그 위에 해산물을 얹는다.
7. 센 불에 올려 흰쌀밥을 하는 방법으로 밥을 짓는다.

비벼 먹는 삼계탕 닭고기영양밥

재료
쌀 3/4컵, 찹쌀 1/4컵, 물 4/5컵,
닭고기살 200g, 인삼 2뿌리,
대추 2~3알, 청주 1큰술,
소금 1작은술

부추 양념장
간장 1큰술, 육수(혹은 물) 1큰술,
송송 썬 부추 2큰술,
들기름 1/2큰술, 깨소금 1작은술

여름 더위가 극성을 부린다. 온몸에서 땀이 흐른다. 그렇게 되면 우리 몸의 기운도 땀과 함께 빠진다. 말 그대로 '기진맥진'한 상태가 된다. 서늘한 곳을 찾고 찬 식음료를 반복적으로 먹다 보니 외기와는 달리 몸속은 오히려 차가워져 몸의 면역력이 떨어지게 된다. 그래서 선조들은 삼복을 맞아 떨어진 기운을 다시 찾고 몸을 따뜻하게 하는 삼계탕을 끓여 먹으며 여름을 건강하게 보내려는 노력을 하였다. 하지만 식구 중에는 삼계탕이나 닭백숙을 썩 즐기지 않는 사람도 있다. 그들을 위하여 삼계탕 재료로 찹쌀을 조금 넣고 영양밥을 짓는다. 인삼이 닭의 냄새를 없앨 뿐 아니라 밥에 향을 더하니 가족 모두 맛나게 먹을 수 있을 것이다.

밥 짓는 법

1. 쌀과 찹쌀을 같이 씻어 불린다.
2. 닭고기살은 한입 크기로 썬다.
3. 인삼은 흙이 나오지 않게 깨끗이 씻어 송송 썬다.
4. 대추는 깨끗이 씻어 놓는다.
5. 압력솥에 불린 쌀과 소금을 넣고 물을 붓는다.
   소금을 넣어 밥에 어느 정도 밑간이 되어 있으니 양념장으로 비벼 먹을 때 짜지 않게 염도를 조절한다.
6. 쌀 위에 닭고기와 대추를 얹는다.
7. 청주를 고루 끼얹는다.
8. 센 불로 밥을 끓이다가 추가 흔들리면서 나온 추 주변의 물이 마르면 불을 끈다.
9. 김이 저절로 빠지기를 기다렸다가 밥을 살살 흩뜨리면서 푼다.

카레라이스보다 된장덮밥

재료
소고기 100g, 들기름 1큰술,
후추 약간, 간장 1작은술,
양파 ½개, 감자 ½개, 당근 ¼개,
애호박 ¼개, 된장 1~2큰술,
멸치육수 2~3컵, 물녹말 1~2큰술

멸치육수
물 5컵, 멸치 10마리,
표고버섯 1~2개, 다시마 1~2쪽,
자투리 채소

물녹말
물 3~6큰술, 감자녹말 1~2큰술

된장덮밥에는 흰쌀밥이 제격이다. 복잡할 것 없다. 먼저 쌀을 씻는다. 씻은 쌀을 불리는 동안 채소를 손질해서 썰고, 채소 손질하는 동안 육수를 내면 된다. 육수가 마련되고 채소 손질을 마치면 쌀도 알맞게 불어 있다. 압력솥에 밥을 올리고 냄비에다가는 고기를 볶기 시작한다. 고기를 볶다가 당근을 넣고, 감자와 양파를 차례로 넣으면서 볶는다. 썰어 넣은 재료들이 날카롭게 세웠던 각을 누그러뜨리고 서로 어우러지면 덮밥 소스가 완성된다. 덮밥 재료의 간을 슴슴하게 하고 넉넉히 만들어야 나중에 후회하지 않는다. 왜냐하면 먹다 보면 늘 모자라서 아쉬운 마음이 들기 때문이다.

된장덮밥 소스 만드는 법

1. 분량의 재료로 멸치육수를 만든다. 센 불로 시작해 끓기 시작하면 약한 불로 줄이고 15분간 끓인 후 걸러 쓴다.
2. 껍질을 벗긴 감자와 손질한 양파, 당근, 애호박을 깨끗이 씻어 깍둑썰기한다. 냉장고 안의 어떤 채소라도 좋다.
3. 소고기는 깍둑썰기 하여 들기름, 후추로 양념하고 간장으로 밑간을 한다.
4. 둥근 팬에 밑간한 소고기를 넣고 볶는다.
5. 고기가 반쯤 익으면 당근, 감자, 양파의 순서로 넣고 볶는다.
6. ❺에 멸치육수를 넣고 된장으로 간을 맞춘 뒤 감자가 익을 때까지 끓인다.
7. 감자가 다 익으면 애호박을 넣는다.
8. 준비해둔 물녹말로 농도를 맞춘 뒤 1~2분 더 끓여 따뜻한 밥 위에 얹는다.
   국물 내고 나온 표고버섯과 다시마를 썰어 넣어도 좋다.

뽀글이장에 비벼 먹는 두부밥

재료
쌀 1컵, 물 1컵, 얼린 두부 1/2모, 들기름 1큰술

뽀글이장
된장 3큰술, 물 1컵, 멸치 5마리, 양파 1/4개, 표고버섯 1개, 마늘 1알, 느타리버섯 3~4개, 팽이버섯 1/4봉지, 대파 1뿌리, 감자 1/4개, 매운 고추 1개, 다시마 1쪽

뽀글이장 만드는 법
1. 멸치는 머리와 내장을 제거하고 볶은 뒤 잘게 부수고, 대파와 매운 고추는 잘게 썬다.
2. 다시마는 물에 담가 우리고 양파, 마늘, 물에 불린 표고버섯, 팽이버섯, 느타리버섯은 잘게 썬다.
3. 뚝배기에 다시마 물 1컵을 넣고 불에 올린 뒤 ❷의 채소를 넣고 계속 끓인다.
4. 양파가 익을 무렵 된장을 넣고 끓기 시작하면 대파, 매운 고추를 넣는다.
5. 마지막으로 강판에 갈아둔 감자를 넣고 한소끔 더 끓인다.

가끔 장을 보러 가면 유통기한이 임박하여 가격을 할인하거나 덤으로 한 개 더 주는 두부를 만난다. 살림하는 주부라면 누구나 그 앞에서 고민을 하게 된다. 머릿속에서는 과연 저렴하게 할인해 판매하는 두부를 사다가 상하기 전에 먹어 치울 수 있을 것인지를 계산한다. 그러나 그렇게 구입한 두부는 상해서 버리는 경우가 많다. 유통기한 내에 사다 놓은 두부를 다 먹지 못할 것이라면 차라리 냉동실에 넣어 얼려 두었다가 밥을 하면 좋다. 얼린 두부로 밥을 하면 식감이 쫄깃해지고 쌀알과 잘 어우러져 씹히는 느낌이 좋아진다. 특별히 밥을 할 때 들기름을 한 숟가락 넣으면, 들기름과 두부의 고소함이 밥맛을 배가시킨다.

밥 짓는 법
1. 쌀을 씻어 건져 30분간 불린다.
2. 냉동실에서 얼린 두부를 꺼내 녹인 후 물기를 꼭 짜서 으깬다.
3. 밥솥에 불린 쌀을 넣고 그 위에 으깬 두부와 들기름을 넣는다.
4. 흰쌀밥을 할 때와 같은 방법으로 밥을 한다.

가을

뿌리는 나의 힘
뿌리채소밥
———
가는 가을이 아쉬울 땐
가지밥
———
향에 취해 먹는 밥
버섯밥
———
산삼보다 낫다는 가을 무
무밥
———
건강보다 맛으로 먹는
소고기우엉밥
———
남자가 먹어도 좋은 아름다운
여자밥

뿌리는 나의 힘 뿌리채소밥

재료
쌀 1컵, 도라지 50g, 마 100g,
물 9/10컵

더덕 양념장
간장 1큰술, 간 더덕 2큰술,
깨소금 1작은술

수렴하는 기운이 강하고 외기가 건조한 가을철을 나는 '폐의 계절'이라 부른다. 도라지나 더덕, 마 등은 가을에 수확하는 대표적인 뿌리채소로 폐의 기운을 좋게 하므로 가을에 먹기에 좋은 식재료다. 도라지나 더덕은 조리법이 잘 알려져 있지 않아서 그저 반찬 재료인 줄만 안다. 조금 더 나아간다 해봐야 갈아먹는 정도의 조리법이 전부다.

하지만 조금만 생각을 바꿔 쌀과 함께 밥을 지으면 별미밥을 즐길 수 있다. 도라지와 마를 넣고 지은 밥을, 더덕 양념장으로 비비면 뿌리채소들의 맛과 향이 제대로 어우러져서 가을 밥상은 더 풍요로워진다. 친구를 불러 같이 먹고 싶은 밥상이 차려진다.

밥 짓는 법

1. 쌀을 씻어 30분간 불린다.
2. 도라지를 깨끗이 씻어 끓는 물에서 한 번 데친 후 껍질을 벗긴다.
   통도라지를 사서 껍질을 직접 까서 먹는 것이 좋지만 껍질 벗긴 도라지를 써도 무방하다.
3. 껍질을 벗기고 손질한 도라지를 잘게 찢거나 어슷하게 썬다.
4. 마는 흐르는 물에 씻어 껍질을 벗기고 깍두기 모양으로 썬다.
5. 불린 쌀을 솥에 넣고 밥물을 잡은 후 채 썬 도라지를 얹어 밥을 한다.
6. 더덕의 껍질을 까서 강판에 갈아 보푸라기로 만든 후 양념장을 만든다.
7. 밥이 다 되면 양념장과 곁들여 낸다.

가는 가을이 아쉬울 땐 가지밥

재료
쌀 1컵, 물 1컵, 가지고지 20g,
돼지고기 50g, 들기름 1큰술,
간장 1작은술

대파 양념장
간장 1큰술, 물 1큰술,
다진 대파 1큰술,
다진 마늘 1작은술,
고춧가루 1작은술, 깨소금 1작은술,
들기름 ½큰술

나이가 든 탓일까. 살짝 쪄서 무친 가지의, 혀에 감기는 부드러움이 맛있게 느껴진다. 가지가 지천이던 여름도 시나브로 끝나가고 수은주가 하루 다르게 내려갈 즈음이면, 가지는 성장을 멈추고 껍질만 두꺼워진다. 이제 가지에서 더는 나물의 향취를 기대하기 어렵다. 그렇다고 포기할 수는 없다. 꼬이고 비뚤어진 잉여 농산물인 가지를 손질하여 볕에 말린다. 처서가 지난 가을 햇살에 하루 이틀이면 저장하기 좋게 잘 마른다.
잘 마른 가지고지를 저장하기 전에 한 줌 덜어 밥에 도전! 양념장을 넣어 먹으니 마주 앉은 사람도 잠시 잊을 만큼 맛나다. 조금 더 했어도 좋을 걸 그랬다.

밥 짓는 법

1. 쌀은 깨끗이 씻어 30분간 불린다.
2. 가지고지는 물에 한 번 씻어 따뜻한 물에 15분간 불린 뒤 물기를 뺀다.
3. 돼지고기는 가지와 비슷하게 한입 크기로 썬다.
4. 불린 가지와 돼지고기에 간장과 들기름을 넣고 조물조물 무친다.
5. 불린 쌀을 압력솥에 넣고 밥물을 부은 다음, 무친 가지고지와 돼지고기를 얹는다.
6. 흰쌀밥을 하는 방법으로 밥을 짓는다.

향에 취해 먹는 밥 버섯밥

재료
쌀 1컵, 물 1컵, 버섯들 200g,
들기름 1큰술, 간장 1작은술

쪽파 양념장
간장 1큰술, 물 1큰술, 쪽파 3뿌리,
들기름 1/2큰술, 깨소금 1/2큰술,
고춧가루 1작은술,
다진 마늘 1/2작은술

송이버섯이나 능이버섯을 넣고 밥을 해 먹자고 마음을 내기는 쉽지 않다. 근래 송이버섯이나 능이버섯이 귀해져 그 몸값이 하늘 높은 줄 모르고 치솟은 탓이다. 하지만 송이·능이버섯이 없다고 기죽을 필요는 없다. 그것들이 아니라도 가을이 제철인 버섯들이 서로 다투어 시장에 나오기 때문이다. 버섯들은 저마다 자신을 알리는 향을 가지고 있다. 시중에서 만나게 되는 버섯이 가격이 높다 하여 반드시 향이 좋고 품질이 좋은 것은 아니다. 공급되는 물량에 따라 가격이 정해지는 것이므로 상대적으로 가격은 저렴하지만 맛과 향이 뛰어난 버섯들을 얼마든지 만날 수 있다.
버섯밥은 저마다 향이 다른 버섯들이 모여 이루는 하모니와 같다. 그 향들을 좋다 나쁘다로 구분하지 말고 즐기면 된다. 다른 것을 인정하고 즐기는 음식이 바로 버섯밥이다.

밥 짓는 법

1. 쌀을 씻어 건져 30분간 불린다.
2. 표고버섯은 손바닥으로 잡고 탁탁 털어 얇게 썬다.
3. 느타리버섯은 가늘게 찢는다.
4. 팽이버섯은 밑동을 잘라내고 길이로 이등분한다.
5. 다른 버섯들도 같은 방법으로 비슷한 크기로 썰거나 찢는다.
6. 불린 쌀을 압력솥에 넣고 물을 부은 다음 들기름과 간장을 넣는다.
7. 준비한 버섯들을 쌀 위에 얹는다.
8. 흰쌀밥을 짓는 방법으로 밥을 한다.
9. 양념장과 같이 낸다.

산삼보다 낫다는 가을 무 무밥

재료
쌀 1컵, 물 4/5컵, 무 200g,
느타리버섯 50g, 들기름 1큰술,
국간장 1작은술

쪽파 양념장
간장 1큰술, 물 1큰술, 쪽파 3뿌리,
들기름 1/2큰술, 깨소금 1/2큰술,
고춧가루 1작은술,
다진 마늘 1/2작은술

여름 무의 맛은 맵고 지리다. 가을이 깊어져서 겨우살이 걱정을 할 무렵이 되어야 무는 제맛이 든다. 껍질을 벗기고 생으로 먹으면 과일 대신 먹어도 좋을 만큼 달고 시원하다. 가을무는 깍두기를 담으면 시원하니 달고 맛나며, 샐러드처럼 겉절이로 무치면 밥도둑이 따로 없다. 굵게 채를 쳐서 볶으면 잇몸으로 먹어도 좋은 음식이 되지만 가을철의 일품요리 중에 무밥을 빼놓을 순 없다. 무밥을 해 먹고서야 겨울을 맞을 수 있을 것 같다. 알맞게 익은 김장김치와 동치미만 준비돼 있다면 다른 반찬이 없어도 맛나게 먹을 수 있는 것이 무밥이다. 굵게 채 친 무를 넉넉히 넣고 지은 뜨끈한 밥에 양념장을 한 순가락 얹어 비비면, 김치만 곁들여도 산해진미가 하나도 안 부럽다.

밥 짓는 법

1. 쌀은 미리 씻어 건져 30분간 불려둔다.
2. 무는 깨끗이 씻어 약간 굵게 채 친다.
3. 느타리버섯은 무와 비슷한 크기로 썰거나 찢어 놓는다.
4. 무와 버섯에 수분이 많으므로 압력솥에 씻어 불린 쌀을 넣고 불리기 전 쌀의 80% 분량으로 밥물을 잡는다.
5. 밥솥에 들기름과 국간장을 넣고 무와 버섯을 얹어 밥을 한다.
6. 양념장을 만들어 같이 낸다.

건강보다 맛으로 먹는 소고기우엉밥

재료
쌀 1컵, 물 1컵, 소고기 100g,
우엉 100g, 들기름 1큰술,
간장 1작은술, 청주 1큰술

쪽파 양념장
간장 1큰술, 물 1큰술, 쪽파 3뿌리,
들기름 ½큰술, 깨소금 ½큰술,
고춧가루 1작은술,
다진 마늘 ½작은술

신사임당이 타계하자 율곡은 슬픔과 실의에 빠져서 3년 동안이나 앓아누웠다고 한다. 그런데 우연히 우엉의 약효가 뛰어나다는 사실을 알고 하루도 빼놓지 않고 밥상에 올려 건강을 되찾았다는 이야기가 전해진다.

사실 우엉은 일본 사람들이 좋아하는 식재료다. 간장에 졸여서 반찬으로 삼는 정도로 우엉을 먹는 우리와 달리 일본인들은 우엉을 튀겨서 간식으로 상식하는 등 다양한 방법으로 섭취한다. 우엉이 건강에 좋다는 사실이 알려지면서 우리나라 사람들도 몇 해 전부터는 차로 우려서 마시는 등 여러 방법으로 우엉을 먹기 시작했다.

냉장고를 뒤지다가 먹다 남은 우엉과 소고기를 함께 넣고 밥을 지었다. 제법 맛이 난다. 사람들을 불러 나누고 싶다.

밥 짓는 법

1. 쌀을 씻어 30분간 불린다.
2. 소고기는 한입에 쏙 들어가게 썰거나 다진다.
3. 우엉은 흐르는 물에서 박박 문질러 씻고 껍질째 어슷썰기를 한다.
4. 압력솥에 불린 쌀과 밥물을 넣는다.
5. 썬 소고기와 우엉을 쌀 위에 올린다.
6. 들기름과 청주, 간장을 분량에 맞춰 넣는다.
7. 흰쌀밥을 하는 방법으로 밥을 짓는다.

남자가 먹어도 좋은 아름다운 여자밥

재료
쌀 1컵, 약재 우린 물 1컵

약재 우린 물
물 2컵, 당귀 5g, 백작약 5g,
숙지황 5g, 천궁 5g

한의원에서 내려주는 처방 중에 사물탕(四物湯)이라는 것이 있다. 안색이 좋지 않거나, 피부가 거칠고 윤기가 없을 때, 손톱 색이 나쁘고 잘 부러질 때, 눈이 침침하고 피로할 때에 처방한다. 이뿐만 아니라 어지럼증, 사지마비, 근육의 당김, 근육경련 등의 증상 및 생리불순과 생리통에도 응용되는 처방이다. 사물탕의 약재들은 시골 장터에서 쉽게 만날 수 있다. 나는 이 처방을 응용해서 가끔 밥을 지어 먹는다. 한의원 문을 열고 들어서면 풍겨나는 탕약의 향 중에서 특히 당귀와 천궁의 향이 좋다. 그것들을 넣고 밥을 지어 놓으면, 밋밋한 맛의 흰쌀밥의 건강한 변신에 감탄을 하게 된다. 밥이 밥이면서 또한 보약이다.

밥 짓는 법

1. 약재를 흐르는 물에서 씻은 후 약 2컵의 물에 1시간 정도 담가둔다.
2. 약재가 담긴 물을 냄비에 붓고 센 불로 끓이다가 물이 끓기 시작하면 불을 줄이고 20분간 더 끓인다.
3. 약재 우린 물과 함께 불린 쌀로 흰쌀밥을 할 때와 같은 방법으로 밥을 한다.

겨울

풍년을 기원하는 풍요의 밥
오곡밥

축하와 기원을 담는 생일밥
수수밥

밥집을 하고 싶게 만드는 밥
시래기밥

바다의 제왕 포세이돈이 되는 밥
굴밥

칩거하고 싶은 겨울에 먹는 밥
김치밥

바다향이 그리운 날
다시마미역밥

풍년을 기원하는 풍요의 밥 오곡밥

재료
찹쌀 2컵, 멥쌀 1컵,
콩·팥·차조·수수 각 1/2컵,
물 4컵, 소금 약간

오곡밥은 정월 대보름에 먹는 밥이다. 얼굴에 생기는 부스럼을 예방하고 이가 튼튼해지라고 깨무는 부럼처럼 오곡밥은 한 해의 농사를 시작하기 전 풍년을 기원하며 해 먹던 밥이다. 충절을 약속하며 해 먹는 약식이 양반의 대보름 밥이라면 오곡밥은 배부르게 먹고 싶은 서민의 기원이 담긴 대보름 밥이다.

어린 시절 내 고향 마을에서는 오곡밥을 넉넉히 지어서 제삿밥처럼 이웃과 나누어 먹었다. 대보름날 우리 집엔 마을에 사는 가구 수만큼의 가지가지 오곡밥이 있어서 골라 먹는 재미가 있었다. 그런 이유로 나는 지금도 해마다 대보름날이 되면 오곡밥을 과하다 할 만큼 넉넉하게 짓는다. 이웃과 나누어 먹고, 그래도 남은 밥은 서너 끼에 걸쳐서 식은 밥으로 먹어도 물리지 않고 맛있는 밥이 오곡밥이다.

밥 짓는 법

1. 찹쌀, 쌀, 차조, 수수를 한데 섞어 깨끗이 씻은 뒤 30분간 물에 불려 둔다.
2. 콩도 잘 씻어 30분간 불려 둔다.
3. 팥은 우르르 한 번 삶고, 삶은 물은 버린다.
4. 삶은 팥을 팥알이 터지기 직전까지 다시 한 번 삶아 팥물을 버리지 말고 둔다.
5. 압력솥에 준비해둔 쌀과 잡곡을 넣고 소금과 물을 부어 밥을 짓는다.

   밥물은 팥 삶은 물과 콩 불린 물로 잡고 모자라는 물은 맹물로 잡는다.
   오곡밥은 김이 오른 찜통에 쪄서 먹어도 좋다. 이때는 중간에 약한 소금물을 두세 번에 나눠 넣어가면서 찌는 것이 좋다.

축하와 기원을 담는 생일밥 수수밥

재료
쌀 3/4컵, 찰수수 1/4컵, 물 1 1/5컵

친정어머니는 내가 열세 살이 될 때까지 생일이면 꼬박꼬박 미역국을 끓여주시고 수수팥떡을 해주셨다. 미역국은 인덕(人德)이 있으라고 끓여주는 것이고 수수팥떡은 나쁜 귀신이 나를 해치지 못하도록 지켜주는 것이라며 꼭 먹어야 한다고 말씀하셨다. 내가 열세 살을 무사히 넘기고, 더 자라서 결혼을 하고 나서 처음 맞는 남편의 생일에 친정어머니가 오셨다. 나는 미역국을 끓이고 고기를 구워 상을 차렸는데 어머니는 붉은 수수팥떡과 잡채를 해오셨다. 그리고 앞으로는 남편의 생일에 수수팥떡을 해주기 어려우면 수수밥이라도 해주라고 당부하셨다. 그래야 남편이 건강하고 하는 일마다 잘 된다는 것이었다. 딸아이를 낳고 돌이 되었을 때도 어머니는 수수팥떡을 해오셨다.

남편과 딸아이의 생일이 올 때마다 나는 수수밥을 할 것이다. 물론 내 생일에도 어머니의 당부대로 수수밥을 차릴 것이다. 가족의 건강과 무탈함을 위해 수수밥을 하고, 나를 낳아주신 어머니께 감사드리며 남은 삶이 평탄하기를 바라는 기원을 수수밥에 담을 것이다. 수수밥엔 사랑하는 가족에 대한 진부하나 소박한 기원이 깃들어 있다.

밥 짓는 법

1. 쌀을 씻어 건져 30분간 불린다.
2. 수수를 쌀과 같은 방법으로 씻는다.
3. 압력솥에 정해진 분량의 물과 수수를 넣고 30분간 불린다.
4. 수수를 불린 밥솥을 불에 올리고 뚜껑을 연 채로 센 불로 끓인다.
5. 물이 끓기 시작하면 불린 쌀을 넣고 뚜껑을 덮는다.
6. 흰쌀밥을 짓는 방법으로 밥을 한다.

밥집을 하고 싶게 만드는 밥 시래기밥

재료
쌀 1컵, 삶은 시래기 150g, 물 1컵,
들기름 1큰술, 간장 ½큰술

쪽파 양념장
간장 1큰술, 물 1큰술, 쪽파 3뿌리,
들기름 ½큰술, 깨소금 ½큰술,
고춧가루 1작은술,
다진 마늘 ½작은술

나물과 들기름, 그리고 직접 담근 간장의 조합은 내가 만드는 음식에서 가장 많이 등장하는 조합이다. 겨울에 먹는 묵나물 중 으뜸은 시래기나물이다. 시래기에 들기름과 간장을 넣고 손으로 조물조물 주무르다가 냄비에 넣고 타지 않게 물을 보충해가면서 볶으면, 그 구수한 향취가 자꾸 젓가락을 부른다. 시래기를 나물로만 먹기에는 너무 아쉬우므로 밥으로 지어 먹는다. 들기름과 간장으로 조물조물해놓은 시래기나물을 볶지 말고 흰쌀밥을 하는 솥에다 넣기만 하면 된다. 시래기밥을 할 때마다 그 맛에 반해 나는 밥집을 차리고 싶어진다.

밥 짓는 법

1. 쌀을 씻어 건져 30분간 불린다.
2. 삶은 시래기의 얇은 겉껍질을 벗긴다.
3. 껍질 벗긴 시래기를 2~3cm 정도의 길이로 썰어 들기름과 간장에 조물조물 무친다.
4. 불린 쌀을 압력솥에 담고 시래기를 얹고 물을 붓는다.
5. 흰쌀밥 짓는 법으로 밥을 하여 양념장과 함께 낸다.

시래기 삶기

1. 시래기를 따뜻한 물에 불린다.
2. 불린 시래기의 물을 버리지 말고 그 물에 시래기를 삶는다.
3. 센 불로 삶다가 끓기 시작하면 불을 줄이고 40분간 더 삶는다.
4. 시래기가 다 삶아지면 물을 버리지 말고 식을 때까지 그대로 둔다.
5. 시래기의 물을 맑은 물로 갈아주면서 하루 이틀 더 물에 담가둔다.
6. 시래기의 껍질을 벗겨내고 조리한다.

바다의 제왕 포세이돈이 되는 밥 굴밥

재료
쌀 1컵, 물 1컵, 손질한 굴 200g,
무 100g, 들기름 1큰술,
간장 1작은술, 청주 1큰술

쪽파 양념장
간장 1큰술, 물 1큰술, 쪽파 3뿌리,
들기름 1/2큰술, 깨소금 1/2큰술,
고춧가루 1작은술,
다진 마늘 1/2작은술

소모된 에너지를 보충하고 겨울 추위를 이길 수 있는 식재료로는 굴이 최고다. 서양에서도 굴은 강장식품으로 주목을 받고 있다. 좀처럼 익히지 않은 해산물을 잘 먹지 않는 서양인들이지만 날것으로 즐겨 먹는 음식이 바로 굴이다. 물론 부족한 비타민 C를 보충하거나 갯내를 없애기 위해 레몬을 곁들이기는 하지만 우리나라 사람들처럼 다양한 조리법으로 굴을 먹지는 않는다. 궁중 어의였던 전순의가 쓴 우리나라 최초의 식이요법 책인 『식료찬료(食療纂要)』에서는 신선한 굴을 구워 먹으면 피부가 매끄러워지고 안색이 밝아진다고 하였으며, 신선한 굴을 쪄서 먹으면 심신이 허약하여 불안하고 잠을 못 이루는 증상을 치료한다고 하였다. 겨울을 잘 나야 봄에 건강하게 지낼 수 있다. 겨울을 건강하게 잘 이겨내는 방법은 여러 가지가 있겠지만 굴을 식재료로 삼아 조리해 먹는 것도 좋은 방법이다. 굴을 이용한 요리 중 굴밥은 밥 하나면 다 되는 '한 그릇 요리'로 부족함이 없다.

밥 짓는 법

1. 쌀을 씻어 건져 30분간 불린다.
2. 굴을 3% 소금물에서 흔들어 씻어 건져 물기를 뺀다.
3. 무는 약간 굵게 채 친다.
4. 불린 쌀을 압력솥에 넣고 밥물을 붓고 뚜껑을 연 채 센 불로 끓인다.
5. 밥이 끓기 시작하면 무채를 얹고 그 위에 굴을 고루 펴서 얹는다.
6. 들기름, 간장, 청주를 넣고 뚜껑을 덮는다.
7. 흰쌀밥을 지을 때와 같은 방법으로 밥을 한다.

칩거하고 싶은 겨울에 먹는 밥 김치밥

재료
쌀 1컵, 물 1컵, 김치 100g,
돼지고기 100g, 양파 ¼개,
들기름 약간, 간장, 후추 약간

대파 양념장
간장 1큰술, 물 1큰술,
다진 대파 1큰술,
다진 마늘 1작은술,
고춧가루 1작은술, 깨소금 1작은술,
들기름 ½큰술

며칠째 폭설이 내린다. 산골의 겨울은 눈이 제일 무섭다. 마을로 올라오는 길이 미끄러워서 차를 큰길가에 버려두고 넘어지고 자빠지면서 엉금엉금 기어올라야 하니 외출할 엄두가 쉽게 나지 않는다. 택배로 뭔가를 주문하려 해도 통행이 멀쩡한 큰길까지 나가서 받아와야 하니, 미리 넉넉히 장을 봐두지 않으면 당장 끼니 걱정을 해야 할 정도다. 하지만 산 좋고 물 좋은 환경을 누리자면 그 정도는 감수해야 할 일이다.

이럴 땐 냉장고든 어디는 이것저것 다 찾아서 먹기보다는 가능한 한 넉넉한 재료를 이용하여 밥해 먹을 궁리를 해야 한다. 넉넉하기로 친다면야 김장김치만 한 것이 없으니 김장김치를 이용한 밥상 차리기의 릴레이를 시작한다. 그 릴레이의 선두주자로는 단연 김치밥이 최고다.

밥 짓는 법

1. 김치는 국물을 꼭 짠 다음 잘게 쫑쫑 썬다.
2. 돼지고기는 김치 크기로 썰고, 양파는 채썰기 한다.
3. 돼지고기에 간장, 후추로 밑간을 한다.
4. 30분간 불린 쌀을 압력솥에 넣고 밥물을 붓는다.
5. 밥솥에 준비해둔 김치와 돼지고기를 얹고 밥을 한다.
6. 밥이 다 되면 밥을 고루 섞은 후 퍼서 양념장과 같이 낸다.

바다향이 그리운 날 다시마미역밥

재료
쌀 1컵, 물 1½컵, 마른 미역 5g,
다시마가루 1작은술, 청주 1큰술

다시마는 보통 국물 내는 데에 쓰고 미역은 생일에 국 끓이는 용도로만 쓴다. 생다시마나 생미역이 나오는 겨울철이면 기껏해야 그것들을 데쳐서 초무침을 하거나 쌈으로 먹는 것이 고작이다. 다시마와 미역이 건강에 좋을 뿐 아니라 다이어트에도 효과가 있다는 사실이야 널리 알려져 있지만 정작 그것을 섭취할 마땅한 방법이 없다면 그림의 떡일 수밖에 없다. 그렇다고 다시마나 미역을 무슨 비타민제처럼 환으로 만들어 '복용'할 수는 없는 노릇이다. 가끔 감칠맛을 더하기 위해 다시마 한 조각을 넣고 밥을 한다. 밥이 다 되면 다시마를 꺼내 버리게 되는데 그게 또 아까운 생각이 든다. 그래서 다시마를 갈아서 가루로 넣어 밥을 해본다. 생각보다 재미있는 밥이 되었고 맛도 꽤 괜찮았다. 좋다, 오늘은 다시마에 더해 미역까지 넣고 밥을 한다. 양념장에 비벼도 좋지만 곰삭은 파김치와도 잘 어울리고 연하게 끓인 두부 된장국과도 제법 궁합이 좋다.

밥 짓는 법

1. 쌀을 씻어 30분간 불린다.
2. 마른 미역은 미지근한 물에 바락바락 주무르면서 씻는다.
3. 씻어 놓은 미역을 1cm 길이로 송송 썬다.
4. 압력솥에 쌀과 물을 넣는다.
5. 다시마가루를 솥에 고루 펴듯이 넣는다.
6. 썰어 놓은 미역을 넣은 다음 청주를 넣는다.
7. 흰쌀밥을 하는 방법으로 밥을 한다.
    다시마, 미역 등 해조류는 그 자체로 짠맛이 나서 별도의 간을 하지 않아도 된다.

기본 양념장

부추 양념장

간장 1큰술
육수(혹은 물) 1큰술
송송 썬 부추 2큰술
깨소금 1작은술
들기름 1/2큰술

달래 양념장

간장 1큰술
송송 썬 달래 2큰술
들기름·깨소금 약간

대파 양념장

간장 1큰술
물 1큰술
다진 대파 1큰술
다진 마늘 1작은술
고춧가루 1작은술
깨소금 1작은술
들기름 1/2큰술

쪽파 양념장

간장 1큰술
물 1큰술
쪽파 3뿌리
다진 마늘 1/2작은술
들기름 1/2큰술
깨소금 1/2큰술
고춧가루 1작은술

제육볶음 양념장

고추장 6큰술
고춧가루 6큰술
간장 3큰술
사과즙 1컵
청주 6큰술
조청 3큰술
다진 마늘 6큰술
생강즙 1큰술

더덕 양념장

간장 1큰술
간 더덕 2큰술
깨소금 1작은술

뽀글이장

된장 3큰술
물 1컵, 멸치 5마리
양파 1/4개, 표고버섯 1개
느타리버섯 3~4개
팽이버섯 1/4봉지
마늘 1알, 대파 1뿌리
감자 1/4개
매운 고추 1개
다시마 1쪽

Tip 이 밥에는 꼭 이 양념장으로 비벼야 한다는 원칙은 없다. 몇 가지 양념장을 번갈아 취향대로 먹으면 된다. 뽀글이장은 넉넉하게 해서 냉장고에 넣어두고 필요할 때마다 꺼내 먹으면 좋다. 냉장고에서 15일 정도 보관이 가능하다.

* 뽀글이장의 상세 레시피는 65쪽 참고

PART 3

쌀의 발견

쌀은 우리의 주곡이다. 우리는 아주 오랜 기간, 대부분 '밥'의 형태로 쌀을 섭취해왔다. 우리의 식탁에서 '쌀밥'이 차지하는 비중은 거의 절대적이다. 그런데도 대부분의 소비자들은 주요 먹을거리인 쌀에 대해서는 별로 아는 바가 없다.

나 역시 어머니가 지어서 차려주신 밥을 받아먹기만 했던 기간을 제외하고라도 사십여 년이라는 오랜 세월 동안 직접 밥을 지어서 먹어왔지만, 사실 원재료인 쌀의 이모저모에 대해서는 진지하게 생각해볼 겨를도 의지도 동기도 없었다. 아니 그럴 필요를 느끼지 못하고 살아왔다.

가난에 허덕이던 어린 시절엔 그저 배가 부르면 그만이었고, 끼니 걱정을 안 해도 될 만한 시기에 이르러서도 기껏해야 '찹쌀/멥쌀' 혹은 '정부미/일반미' 정도의 구별만 했을 뿐이다. 쌀에는 어떤 품종들이 있고, 어떤 종의 쌀이 어떤 특징이 있는지, 그것들의 맛과 영양은 어떠한지 등을 따진다는 것은 사치로 여겨지기도 했다. TV에 나와서 주가를 올린 유명 요리사들도 정작 우리의 삼시 세끼의 주인공인 쌀과 쌀밥은 거들떠보지도 않았다. 밥을 하는 모습을 보여주기는커녕 즉석밥을 당연하게 사용하는 모습에 적잖이 당혹스러운 적도 있었다.

그저 버릇처럼 옛 시절에 연탄을 구입하듯이 쌀을 구입해서 밥을 지었다. 아무리 품종이 여러 갈래라 해봤자 '물 부어서 지어놓으면 어차피 다 같은 흰쌀밥'이라고 생각했던 것이다. 그러다가 어느 시기부터인가 전국 각지에서 무수한 브랜드의 쌀들이 쏟아져나왔다. 그동안 쌀의 품질에 별 관심이 없던 사람들도 이제는 그 많은 브랜드 중 하나를 선택하지 않으면 안 되었다. 나의 경우만 해도 이렇다 할 정보를 갖고 있지 않았으므로 혼란스런 상황에 처하게 되었다. 하는 수 없이 상대적으로 가격이 비싼 쌀이 품질도 좋을 것이라는 막연한 믿음으로 사기도 하고, 누군가 추천하면 솔깃해서 그 브랜드의 쌀을 사서 먹기도 했다. 최근에는 여러 생협으로 구입처를 바꿔보기도 하였다.

그러다 막상 식생활 관련 교육 현장에 나가서 '밥 이야기'를 하려다 보니 쌀에 대한 나의 지식이 너무 부족하다는 사실을 새삼 깨달았다. 스스로가 참 한심하다는 생각이 들었다. 쌀이 주식인 나라에서 살면서 우리의 삼시 세끼의 주재료인 쌀의 갈래라도 파악해두는 것이 '쌀에 대한 최소한의 예의'가 아닐까 생각한다.

1

우리가 · 먹는 · 쌀들

품종에 따른 쌀의 종류

예전엔 쌀은 구입 경로 면에서 여타의 식재료와는 다른 대접을 받았다. 쌀을 사기 위해서는 일삼아서 별도로 곡물만 취급하는 '쌀집'을 찾아가야 했다. 그러나 정미기를 두고 즉석에서 도정해 팔기도 하던 그 재래식 '싸전'은 시장에서 퇴출된 지 이미 오래다. 대형마트나 생협 매장 등에 장을 보러 가서 여러 식재료를 사면서 더불어서 쌀도 함께 구입하거나 인터넷을 이용하여 주문하는 식으로 그 양상이 바뀌었다.

현재 우리나라에는 약 300여 품종의 쌀이 등록되어 있고, 그중 18여 종이 질이 좋은 품종으로 선정되어서 재배되고 유통되는 것으로 알려져 있다. 그런데 전국에서 공급되는 쌀의 브랜드는 줄잡아 2천여 개에 이른다고 한다. 브랜드란 어떤 상품을 다른 것과 구별하기 위하여 사용하는 이름이나 기호, 도안 따위를 통틀어 이르는 말로 쌀에도 적용된다. 쌀을 생산하는 생산자나 지역의 생산자 공동체에서 만든 일종의 쌀 상표다. 다른 생산자, 다른 지역의 쌀과 비교해 더 맛있고 더 좋다는 광고를 위해 쌀에 붙인 일종의 이름이다.

노화가 느리게 오는 오대미의 품질을 그대로 내세워 브랜드명을 지은 '철원 오대쌀'과는 달리 소비자의 눈길을 끌고 한 번 보면 잊지 않게 하려고 '언니몇쌀'이라고 이름 붙인 부여군의 쌀 브랜드도 있고, 임금님께 진상했을 만큼 최고의 품질을 가진 쌀임을 강조하기 위해 '임금님표 이천쌀', '대왕님표 여주쌀' 등의 이름을 붙인 쌀도 있다.

브랜드와 달리 품종은 생물 분류상, 종 아래에 두는 단위의 하나로 일종의 계보라고 할 수 있다. 추청(아키바레), 고시히카리, 동진, 신동진, 오대, 일품, 남평, 삼광, 히토메보레, 대보 등이 우리나라에서 많이 생산되고 팔리는 품종들이다. 최근에 향이나 맛을 좀 더 올리려는 노력이 성과를 얻어 백진주, 밀키퀸, 골드퀸 등의 고급 품종들이 생산되고 있다. 이러한 쌀들은 쌀알이 맑고 균일하며, 밥을 했을 때 윤기가 있고, 적당한 찰기와 탄력이 있으며, 구수한 밥냄새와 맛이 난다.

브랜드와 품종을 밥솥으로 간단히 비유하자면, 압력솥이 품종이라면 풍년, 휘슬러 등은 브랜드라고 생각하면 된다.

> 소비자로서는 일단 품종의 특징을 잘 살펴서
> 자신의 입맛에 맞는 쌀을 선택하여 구입하는 것이 바람직할 것이다.

수많은 이름들을 달고서 마트의 양곡 코너에 진열돼 있는 상품들이 어떤 품종의 쌀인지를 알고서 사 먹는 소비자는 극히 드물다. 등록돼 있다는 3백여 품종 중 내가 알고 있는 품종이라고 해봐야 겨우 손가락으로 꼽을 정도다. 추청(아키바레), 고시히카리, 동진, 신동진, 오대, 일품, 남평, 삼광, 히토메보레, 대보 등이 고작이다. 이마저도 쌀을 사러 갈 때마다 일부러 그 품종을 찾아보면서 습득하게 된 것이다. 쌀의 품종에 대하여 관심을 갖게 되면서 가장 아쉬웠던 점은, 시장에 나온 대부분의 상품들이 쌀의 종(種)은 제대로 표기하지 않고 가령 '임금님표 이천쌀' 하는 식으로 그 브랜드만을 앞세우고 있다는 것이다. 그러는 사이에 이 품종 저 품종을 섞어서 포장한 상품들이 등장하기도 하였다. 구태여 분류하자면 '혼합종'이라는, 품종 아닌 품종이 생겨나게 된 것이다.

예전에는 동네마다 정미소가 있었다. 농부는 가을에 나락이 다 마르면 정미소에 가져가서 도정을 하면 되었다. 그러나 요즘은 농사나 먹거리에 대한 자기 철학이 뚜렷한 농부가 아니면 대부분 면 단위나 이장의 권유에 따라 품종을 선택해서 벼농사를 짓는다. 동네마다 있던 정미소는 사라지고 미곡종합처리장(RPC)을 통해 대량의 벼를 도정해야 하는 형편이기 때문이다. 품종의 통일을 위해 권유하는 품종은 있지만 지역의 미곡종합처리장을 이용하는 농부 모두가 같은 품종을 심는 것은 아니라서 대개 여러 품종의 벼들을 섞어 도정하게 되는 것이 현실이다. 그래서 시판되는 많은 쌀들이 품종 구분란에 '혼합'이라는 애매한 표기를 달고 있다.

특히 지역 소농들의 정직한 노동의 가치를 귀하게 여기는 소비자들이 만든 한살림이나 아이쿱생협, 두레생협 등에서 판매하는 쌀들은 거의 모두가 혼합이라는 이름을 달고 판매된다. 이뿐만 아니라 최근에는 반멥쌀반찹쌀 백진주, 씨눈이큰쌀 서농 6호, 항산화쌀 흑진주, 향기쌀 조선향미, 아미노산 고함유쌀 하이아미, 저아밀로오스쌀 밀키퀸, 누룽지향쌀 미향벼 등의 기능성 쌀들이 쏟아져 나오고 있다. 향과 맛, 식감 등이 좋아졌다고는 하나 가격이 높아 대중적이지 못한 것이 아쉬운 현실이다.

 좋은 품종의 쌀이라도 부스러지고 금이 간 싸라기나, 덜 익은 채로 마른 벼의 쌀인 희나리 등을 섞어서 팔지는 않는지 잘 살펴봐야 한다.

대표적인 쌀 품종

품종 이름	특징
추청(아키바레)	원산지는 일본으로, 다른 품종보다 쌀알이 작고 투명하며 단단하다. 밥을 했을 때 찰기가 있고 윤기가 난다. 주로 경기나 충정 지역에서 많이 재배되어 이천쌀이나 여주쌀 브랜드에 자주 사용된다.
신동진	주로 전라북도(호남평야)에서 재배되며, 수분 함량과 단백질 함량이 낮다. 다른 품종에 비해 쌀알이 큰 편이라 혼합 구분이 용이하고, 씹는 식감이 좋다.
오대	일찍 수확하는 조생종으로 일교차가 큰 강원도 철원의 특산물이다. 알갱이가 굵고 찰기가 있으며 특유의 구수함이 난다. 씹을수록 단맛이 난다.
일품	경상도 지역에서 재배되며, 쌀알이 짧고 둥글다. 윤기와 찰기가 있어 맛이 좋다.
남평	전라도 지역에서 재배되며, 쌀알이 맑고 투명하다.
삼광	국산 종자쌀로 주로 충청도(중부 평야)지역에서 많이 재배하며, 쌀알이 맑고 깨끗하며 밥이 부드럽고 찰지며 쫀득하다.
고시히카리	일본에서 개발된 품종으로 주로 경기도 지역에서 재배되고 쌀알이 크고 기름기가 흐른다. 찰기가 뛰어나 밥물을 일반 쌀보다 적게 잡아야 한다.
히토메보레	일본산 품종으로 씹는 맛이 우수하고, 밥을 지으면 고슬고슬하고 독특한 풍미가 난다. 시간이 경과되어도 변색이 적고 윤기가 있다. 주로 호남에서 재배한다.

도정에 따른 분류

탈곡 과정을 거친 쌀의 외피 부분인 겉겨만을 제거하고 쌀겨층은 그대로 남겨둔 것이 현미다. 현미의 호분층은 섬유질이 많고 조직이 매우 견고하여서 밥을 짓기가 어렵고 소화도 잘 안 된다는 것이 단점이 있다. 그래서 문제가 되는 호분층을 제거하는 과정을 거치게 되는데 이 가공 과정을 '도정'이라 한다. 도정한 쌀은 현미에 비하여 밥을 짓기에도 용이하고, 소화·흡수도 잘 될 뿐 아니라 식감 또한 훨씬 좋다. 도정을 하면 할수록 수분의 흡수가 용이하여 조리가 쉽고 소화·흡수가 잘 되지만 대신에 단백질의 1/3, 지방의 1/2, 비타민류 대부분이 손실되는 것을 감수해야 한다.

도정을 통해 쌀겨층을 제거하고 무게비 92% 이내로 곱게 찧은 쌀을 백미라고 한다. 현미와 백미의 중간이 무게비 97%의 5분도미이다. 5분도미는 백미보다 비타민 B1, 식이섬유, 칼슘 등의 영양소가 풍부하고 현미보다 먹기 쉬우며 소화도 잘된다. 씨눈의 70% 정도를 남겨서 무게비 95%로 찧은 쌀을 7분도미라 한다.

현미는 벼의 종자다. 물에 담가두면 전분과 단백질이 분해되면서 발아를 한다. 발아를 시작하기 전에 세포벽이 분해되어서 부드러워지므로, 현미로 밥을 지을 때는 오랜 시간 물에 담가두는 것이 좋다.

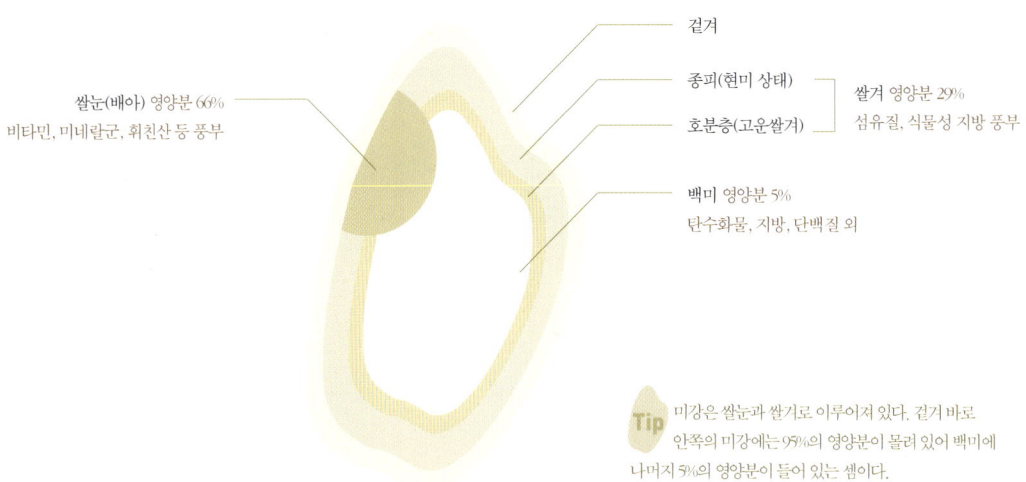

쌀눈(배아) 영양분 66%
비타민, 미네랄군, 휘친산 등 풍부

겉겨

종피(현미 상태)

호분층(고운쌀겨)

쌀겨 영양분 29%
섬유질, 식물성 지방 풍부

백미 영양분 5%
탄수화물, 지방, 단백질 외

Tip 미강은 쌀눈과 쌀겨로 이루어져 있다. 겉겨 바로 안쪽의 미강에는 95%의 영양분이 몰려 있어 백미에 나머지 5%의 영양분이 들어 있는 셈이다.

점성에 따른 쌀의 종류

찹쌀은 녹말을 구성하는 다당류의 하나로 찰기를 나타내는 아밀로펙틴으로만 구성된 쌀이다. 품종에 따라서는 아밀로스 함량이 2~3% 이하인 것도 있지만 세계적으로는 아밀로스 함량 5% 이하를 모두 찹쌀로 보고 있다. 세상의 모든 쌀은 크게 찹쌀과 멥쌀로 분류된다. 그러므로 찹쌀 이외의 쌀은 모두 멥쌀이다. 우리가 그냥 '쌀'이라고 부르는 것은 물론 멥쌀이다. 멥쌀은 대체로 아밀로스 함량이 20%, 아밀로펙틴이 80% 전후이다.

아밀로스 함량이 낮은 쌀은 부드러우며 찰기를 지니고 있다. 아밀로스 함량이 높은 쌀은 단단하고 찰기가 없어 푸슬푸슬한 느낌을 준다. 우리나라와 일본, 중국의 중북부에서는 아밀로스 함량이 낮아 찰기가 있고 부드러운 쌀(자포니카종)을 선호하고 그 외 태국, 필리핀, 인도네시아, 말레이시아 등 동남아시아 여러 나라에서는 아밀로스 함량이 높아서 찰기가 없고 푸석거리는 쌀(인디카종)을 좋아한다.

자포니카종은 일본이 원산지라 지역명을 붙여 자포니카라 부르며 한국, 중국, 일본 등 동북아시아에서 주로 생산되고 있다. 쌀알의 길이가 짧고 찰기가 있으며 냉해에 강하다. 인디카종은 우리나라에서는 안남미라 부르며 원래 중국이 원산지이나 인도에서 소비량이 많아 인디카라 불린다. 동남아시아, 인도, 미국의 남부에서 생산되며 자포니카에 비해 쌀알의 길이가 길고 점성이 낮으며 냉해에 약하다.

찰기가 많은 쌀로 밥을 해서 먹으면 찰기가 적은 쌀의 밥보다 포만감이 더 느껴진다. 찰기를 많이 가진 쌀로 밥을 지을 때 물을 적게 잡지 않으면 밥이 늘어지면서 떡처럼 된다. 그래서 찹쌀로 밥을 할 때는 물을 붓고 끓여 밥을 하지 않고 밥을 찐다. 시간이 오래 걸리기는 하나 찐 밥은 찰기와 함께 적당한 강도를 가지고 있어 멀리 가는 사람의 요기를 위해서 주먹밥으로 만들기도 했다.

2

나에게 맞는 쌀 고르기

쌀에 대한 나의 취향 알기

맛있는 쌀은 얼마든지 있다. 마트의 곡물 코너에는 수많은 종류의 쌀이 진열돼 있고 그것들은 저마다의 맛을 지니고 있다. 중요한 것은 '나는 어떤 맛의 쌀을 맛있다고 느끼는가?'를 아는 일이다. 자신이 좋아하는 쌀의 맛을 찾기 위해서는 물론 여러 가지 쌀로 밥을 해서 먹어보아야 한다. 올바른 평가를 위해서는 자기 나름대로 밥맛의 기준을 정하는 것이 좋다.

쌀의 맛, 다시 말해 밥의 맛은 밥을 할 때와 밥이 다 된 뒤 밥솥을 처음 열었을 때 나는 향, 갓 지은 밥의 색이나 윤기, 입에 넣었을 때 느껴지는 단단한 정도나 찰기, 그리고 혀에서 감지하는 달고 구수한 여러 맛을 총망라하여 평가한다. 그런 평가의 결과가 자신에게 맞는 쌀을 선택하는 데 도움이 될 것이다.

비교 시식으로 나의 취향 찾기

자신이 좋아하는 쌀이 어떤 것인지 알고 싶다면 소량으로 포장해서 파는 몇 가지 쌀을 사다가 끼니마다 다른 품종의 쌀로 밥을 지어 먹어보면 '내가 좋아하는 밥맛'을 쉽게 알 수 있다. 시간 여유가 있다면 같은 끼니에 다른 품종의 쌀을 같은 조건으로 밥을 지어 먹어보는 것도 좋다.

단맛이 많이 나면서 찰기가 있는 쌀을 좋아하는지, 구수하면서 단단하고 찰기가 적은 쌀을 좋아하는지를 알게 된다면, 이후 쌀을 구입하는 나름의 기준이 명확해질 것이다.

조선향미라는 이름으로 팔리는 골드퀸은 밥이 되는 동안 구수한 향을 풍겨 식욕을 불러일으킨다. 마치 적당히 잘 눋은 누룽지에서나 느낄 수 있는 향이 난다. 밥상을 앞에 놓고 앉아 첫술을 떴을 때 나는 밥 향 때문에 남편은 이 쌀로 지은 밥을 좋아하지만 나는 슬슬 싫증이 나기 시작했다. 향이 강하기 때문에 매끼 먹으면 쉽게 물릴 수 있다.

최근에 나는 밀키퀸이라는 품종의 쌀에 주목하고 있다. 골드퀸도 그렇지만 찰기가 많은 쌀이라 불리지 않아도 밥이 설지 않고 물도 다른 품종의 쌀보다 10% 가량 적게 잡아도 되므로 편하고 좋다. 나처럼 늘 밥을 하는 사람에게 밥을 짓는 과정이야 큰 차이가 없지만, 갓 지은 밥도 맛있고 식어도 노화가 더딘 밥은 찾아 먹게 마련이다. 밥알이 매끄럽게 입안에서 놀다가 넘어갈 무렵이면 단맛이 나기 시작해 밥이 입안에 없어도 그 단맛이 오래 남는다.

아키바레가 개량되어 나온 추청은 쌀알이 작고 단단하니 잘 깨지지 않는다. 밥을 해놓으면 윤기가 흐르며 찰기가 있어 맛있게 먹는다. 반면에 신동진은 쌀알이 육안으로 보기에도 제법 크다. 다른 쌀들에 비해 찰기가 약간 적지만 단백질의 함량이 낮아 밥이 달고 맛있다. 쌀알이 작고 동그란 품종은 오대미다. 밥을 하면 윤기도 잘 나고 찰기가 좋아 밥이 맛있다. 우리나라에서 생산되는 쌀 중 쌀알이 투명하게 맑기로는 남평쌀이 으뜸인 것 같다.

이 모두가 흰쌀밥으로 지어놓았을 때 쉽게 느낄 수 있는 것이다.

육안으로 좋은 쌀 고르기

* 쌀에 금이 간 것이 없고 쌀알의 모양과 크기가 균일한 것이 좋은 쌀이다.
* 쌀알이 투명하고 광택이 있으며 흰색이나 검은색 반점이 없는 것이 좋은 쌀이다.

라벨 확인으로 좋은 쌀 고르기

* 생산 연도 확인하기 : 수분의 함량이 높고 점성이 강한 햅쌀이 좋은 쌀이다.
* 도정 날짜 확인하기 : 도정한 지 2주 이내의 쌀이 좋은 쌀이다.
* 품종 확인하기 : 여러 품종이 섞여 있는 혼합미보다는 단일 품종이 좋은 쌀이다. 쌀알의 크기가 다르고 저마다 가지고 있는 특성이 다르면 밥이 되는 동안에 익은 속도와 찰기의 정도 등이 다른 쌀이 섞여 밥이 되기 때문이다. 단일 품종이라야 밥알의 크기도 균일하고 익은 정도나 씹히는 식감도 같아 밥을 맛있게 먹을 수 있다.

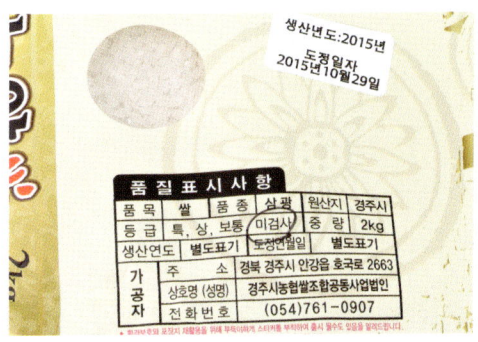

3

맛있는 밥을 위한 쌀 보관하기

보관하지 않는 것이 상책

채소나 과일은 한 번에 구매하는 양이 기껏해야 일주일분 정도다. 반면에 채소나 과일 등의 신선도에 예민한 사람들도 쌀은 한 달 이상 두고 먹는 것이 일반적이다.

그러나 쌀은 호흡을 하고 있으며 살아 있다. 따라서 가능한 한 적은 양을 구매해두고 먹는 것이 으뜸이다. 호흡을 하던 쌀은 도정하는 그 순간부터 노화가 시작되고 산화된다는 것을 기억해야 한다. 노화되고 산화된 쌀로 한 밥은 아무리 잘해도 맛이 없다. 적은 양의 쌀을 자주 구입하는 것은 벌레나 곰팡이 등의 피해로부터도 벗어나는 길이기도 하다. 일단 구입한 쌀은 통에 담아 냉장 보관하고, 곰팡이가 피었다면 손쓸 방법이 없으니 버리는 것이 좋다. 벌레가 생겼다면 쌀을 넓게 펴고 햇빛을 쬐어 벌레가 날아가도록 한다. 그러나 오래 두면 쌀이 건조해지므로 최대한 빠르게 정돈하고 이미 맛이 떨어진 상태이므로 떡 등을 해서 이웃과 나눠 먹는다.

상온에서 최대 2주

도정한 쌀은 2주 이내로 먹는 것이 좋다는 말은, 상온에서 신선하게 보관하면서 밥맛을 좋게 조리할 수 있는 최대 기한이 2주라는 의미다. 그러니 2주 이내에 다 먹을 수 있는 적은 양의 쌀을 구입해두고 먹는 것이 좋다.

상온에서 2주간 보관하는 것이 안전하다 해도 물을 쓰는 곳이나 가스레인지 근처 등 고온다습한 곳은 피하고 바람이 잘 통하는 그늘에 보관하는 것이 좋다.

냉장 보관으로 45일

쌀은 도정한 시점에서 멀어질수록 급격하게 밥맛이 떨어지기 시작한다. 밥맛이 떨어진다는 것은 쌀의 전분이 노화되기 시작했다는 뜻이며, 쌀의 지방이 산패하기 시작했다는 의미이기도 하다. 그러므로 노화를 방지하고 산화를 막을 방법은 저온에서 밀봉해 보관하는 것이다. 공기를 차단할 수 있는 용기에 담아 냉장고에 보관하는 것이 좋다. 공기가 통하지 않는 용기를 구하는 것이 여의치 않다면 밀폐가 가능한 비닐봉지를 사용해 여분의 공기층을 없애고 밀봉해 보관하면 된다.

Tip 쌀을 사두고 빨리 먹지 못해 묵었다면 묵은내를 없애기 위해서는 쌀을 씻을 때부터 신경 써야 한다. 여러 번 씻어 쌀의 표면에 산패되어 붙어 있는 이물질들을 최대한 많이 제거하고 식초를 한 두 방울 넣어 불린다. 밥을 지을 때는 청주 한 술을 넣는다. 식초와 청주가 밥이 끓는 동안 묵은내를 가지고 도망갈 것이다. 우유도 같은 역할을 한다. 윤기를 더하기 위해 식용유를 조금 넣기도 한다.

4

용도에 · 맞는 · 밥쌀

매일 먹는 밥쌀

나는 하루 세끼 밥을 먹는 사람이다. 어쩌다 밥 대신 빵이나 국수를 먹고 나면 다음 끼에 먹을 밥 생각이 더욱 간절해진다. 내 안에 세 끼를 밥으로 먹어온 유전자가 있기 때문이라 생각한다. 삼시 세끼로 365일 매일 먹으려면 밥맛은 뾰족하지 않은 맛이어야 한다. 맛뿐 아니라 성질도 뾰족하지 않아야 한다. 아무리 오랜 시간 먹어도 몸에 열이 쌓이게 하거나 몸을 차게 해서는 안 된다.

매일 먹는 밥이 공기와 같다면 좋을 것이다. 차려 놓은 밥상에서 가장 많은 양을 섭취하지만 그 많은 양의 음식이 자기 색을 드러내지 않고 같이 먹는 반찬들의 맛을 극대화하는 것이라면 참 좋을 것이다. 색으로 따지자면 나무의 초록이 주는 평화로움 같은, 그래서 아무리 많이 대하여도 질리지 않고 늘 위안을 주는 그런 모습과 맛이어야 한다.

최근에 기능적인 맛과 향을 입힌 쌀들이 고가로 판매되고 있다. 쌀로는 세계 최강이라는 일본의 일반 쌀과 비교하여도 우리나라의 기능성 쌀은 색과 향과 맛이 그에 뒤지지 않는다. 이런 좋은 우리 쌀로 밥을 지을 수 있어 자랑스럽다. 그런데 내가 경험하기로 고가의 쌀 중 어떤 것은 처음과 달리 매끼마다 먹으려니 싫증이 나는 것 같았다. 맛과 향이 튀는 밥보다 늘 먹던 무향·무취의 쌀이 나는 더 좋다. 어떤 음식과도 잘 어울리고 다양한 밥으로 옷을 바꿔 입을 수 있으니 좋다.

매일 먹는 밥은 맛과 향이 튀지 않는 평범한 쌀로 하는 것이 좋다.

도시락 싸기 좋은 밥쌀

도시락 싸기에 좋은 밥쌀이란 달리 표현하면 식어도 맛있는 밥쌀이다. 밥이 식었을 때도 윤기가 그대로 살아 있고 밥을 입에 넣었을 때 굳어지지 않아서 부드럽게 먹을 수 있는 밥쌀이다. 찰기가 너무 강하면 무겁게 서로 달라붙어 먹기 어렵고, 너무 부드러우면 탄력이 떨어져 식감이 좋지 못하다. 특히 주먹밥을 위한 밥쌀은 식어도 찰기와 탄력이 있어서 주먹으로 쥐어 뭉쳐도 으깨지지 않고 제 모양을 갖추고 있어야 공기층이 생겨 식감이 좋아진다.

식어도 맛있는 밥쌀은, 당연히 갓 지어도 맛있다.

조리 방법에 따른 밥쌀

볶아 먹는 밥이 발달한 동남아시아권의 여러 나라에서 먹는 쌀들은 대부분 찰기가 없어 입으로 불면 훌훌 날아간다고 표현한다. 괜한 이야기가 아니라 실제로 밥을 볶을 때 찰기가 있는 쌀은 점도 때문에 뭉쳐지기 쉽다. 그러므로 볶음밥에 어울리는 밥쌀은 찰기가 가장 적은 쌀이 적합하다. 요즘엔 찰기 있는 밥을 좋아하는 우리나라 사람들의 입맛에 맞게 품종이 개량되고 있기 때문에 그런 쌀로 볶음밥을 할 때는 식용유를 넣고 밥을 하기도 한다. 밥알이 뭉쳐지지 않고 한 알 한 알 떨어지게 하기 위해서다.

비빔밥은 흰쌀밥에 여러 식재료를 넣고 비비는 것이라 쌀알이 하나하나 탱글탱글하게 살아 있어야 한다. 그러므로 너무 부드러운 쌀보다는 탄력이 있고 알이 큰 쌀이 더 적합하다. 당연히 덮밥용 밥쌀도 비빔밥용 밥쌀에 준하면 된다.

쌀을 구입할 때는 소량으로 포장되어 나오는 것으로 매번 다른 품종의 쌀을 구입해서 먹어보고, 그 쌀들의 향, 색, 맛, 식감을 기록해 냉장고에 붙여두면 좋다. 그랬다가 자신이 조리하고자 하는 용도에 맞는 쌀을 골라 구입하여 맛있는 밥을 지으면 된다.

5

먹고 남은 · 밥 · 저장하기

밥은 갓 지은 밥이 가장 맛있다. 그렇지만 매번 밥을 지어 먹기 어렵기 때문에 밥을 지을 때 좀 넉넉히 해서 보온 밥솥에 넣어두고 먹게 된다. 그런데 먹고 남은 밥을 보온 상태로 오래 두면 밥에 함유되어 있는 아미노산이 당과 반응하여 향이 좋지 않은 휘발성 물질과 갈색 색소를 만든다. 그래서 시간이 지나면 지날수록 밥은 윤기가 사라지고 누렇게 되고 불쾌한 냄새가 나면서 식감이 떨어진다. 더구나 고온에서도 번식하는 내열성 세균도 발생할 수 있으므로 70도 전후 온도를 유지해 보온하는 밥은 한 끼나 두 끼 정도만 두고 먹는 것이 좋다.

보온한 밥의 색, 향, 맛, 식감이 나쁘다고 해서 밥을 상온에 그냥 두면 시간이 지나면서 미생물이 번식할 우려도 있고 밥이 노화되어 맛이 급격히 떨어진다. 밥의 노화는 온도가 영상 4~5도 정도로 낮으면 더 빠르게 진행된다. 그렇다고 밥을 냉장 보관하면 밥이 딱딱해져 소화하기 어려운 상태가 된다. 냉장 보관보다 더 좋은 방법은 냉동 보관이다. 온도가 낮아지면 급속도로 노화하는 밥이 영하 7도 이하에서는 노화를 멈추기 때문이다. 가장 좋은 방법은 밥을 해서 따뜻할 때 바로 조금씩 나누어 용기에 담아 급속 냉동시키는 것이다. 해동을 하면 갓 지은 밥의 맛을 비슷하게 느낄 수 있다. 냉동해둔 밥도 가능하면 1주일 이내에 다 먹는 것이 좋다. 해동은 전자레인지를 이용하는 것이 좋다. 상온에서 긴 시간 해동하면 해동되는 동안 잡균이 번식할 위험이 있다.

Tip 급속 냉동은 냉장고의 특냉실이나 급속 냉동 기능을 사용한다. 이런 기능이 없을 경우, 갓 지은 밥을 뜨거운 채로 밀폐용기에 넣어 냉동실에 보관하면 된다. 냉장고 냄새가 걱정된다면 밀폐용기를 다시 한 번 지퍼백에 넣어 보관한다.